DR PIERRE

GW00383879

# La pâtisserie
# Dukan

Avec la contribution précieuse de Rachel Levy

**Bien**être

Photos © Natacha Nikouline
© Éditions J'ai lu, 2011
Collection dirigée par Ahmed Djouder

Sommaire

3

En écrivant cet ouvrage, je suis dans le droit fil d'une des promesses que je me suis faite : ne jamais proposer aux lectrices et lecteurs qui m'ont accordé leur affectueuse confiance quoi que ce soit d'inutile ou de vain, dont je ne sois assuré de la nécessité et de la légitimité.

Il y a fort à parier que si vous avez acheté *La Pâtisserie Dukan*, vous avez déjà lu mes autres livres. Comme pour un repas, on n'entre pas dans ma méthode par la fin, le dessert, on y accède par la présentation du menu, c'est-à-dire par le déroulé de la feuille générale de route, ses 100 aliments et ses quatre phases. Vous connaissez donc ma méthode, vous l'avez probablement essayée et, si vous continuez de me lire, c'est que vous avez apprécié mon aide.

Vous appartenez à ce public que je ne connais pas personnellement mais pour lequel j'ai, je le dis le plus simplement possible, de l'affection. Pourquoi ? Tout simplement parce que, depuis que vous existez à mes yeux, ma vie a changé. J'ai toujours été un homme heureux mais, depuis deux ou trois ans, ce bonheur simple confine à la félicité. À presque chaque instant de ma journée, je pense à vous. D'abord dans mes consultations où je reçois mes patients, mais aussi dans le courrier dense que m'envoient mes lecteurs, dans les mails d'internautes, dans les messages, questions et appels à l'aide d'adhérentes du coaching en ligne auxquels je réponds personnellement et en direct sur un chat.

À mon âge, ni la gloire ni l'argent ne peuvent m'apporter ce que votre présence à mes côtés me procure. Voilà, c'est dit, je parle à des amis ; c'est plus amusant et chaleureux et cela laisse libre place à l'imaginaire…

Certains penseront que j'ai déjà écrit de nombreux ouvrages, et c'est d'ailleurs vrai, mais aucun d'eux n'est surnuméraire. Chacun trouve sa juste place et sa nécessité dans l'aide à la poursuite de mon régime. Et à chaque fois que j'ai pu peser sur les décisions de mes éditeurs, je l'ai fait pour limiter le prix de mes ouvrages.

Cela dit, lorsque l'on a passé le plus clair de sa vie professionnelle à lutter contre le surpoids, écrire un livre entier sur les desserts et lui donner le titre de *La Pâtisserie Dukan* peut prendre des allures de provocation.

## Comment est née l'idée de cet ouvrage ?

Lorsque j'ai posé la première pierre de ma méthode, j'étais bien plus jeune et ardent, et mon régime, qui deviendra par la suite un plan alimentaire, était limité à des aliments de base, les 72 aliments riches en protéines et pauvres en graisses, puis les 28 légumes. À cette époque, les laitages maigres étaient encore à l'étude, les édulcorants mal maîtrisés, les charcuteries light n'étaient pas nées ni le surimi, et j'ignorais encore l'existence même du son d'avoine.

Aujourd'hui, le contexte s'est radicalement amélioré. Quotidiennement, de nouveaux aliments ou adjuvants du goût, de nouveaux ustensiles, de nouveaux modes de fabrication qui voient le jour apportent à mes protéines et mes légumes un habillage plus chatoyant et de meilleures performances.

D'autre part, les années passant, le nombre d'utilisateurs et surtout d'utilisatrices de ma méthode augmente et, avec lui, celui des gourmandes de nombreux pays. Quand des millions de femmes cherchent un moyen de fabriquer de la grande musique avec des notes toutes simples, du savoureux et du sophistiqué avec de l'élémentaire, elles finissent par accomplir un miracle. Ainsi est née *La Pâtisserie Dukan*.

Tout s'est fait avec les plus indispensables ingrédients du succès : le temps, le nombre et la motivation. Des millions de femmes attachées au goût du sucre, des années de recherche individuelle et d'échanges, une motivation puissante à maigrir sans sadisme ni masochisme ont lentement composé ce corpus de recettes de pâtisserie que j'ai orchestré et dirigé pour ne pas désespérer mes « folles du sucré ».

Je dois avouer que j'ai, pour ces femmes et un certain nombre d'hommes, une faiblesse et une sympathie particulières, car j'ai été moi-même un enfant gourmand et suis entouré d'une femme et de deux enfants gourmands, c'est tout dire.

Depuis déjà quelques années, je pouvais dire à mes patients et lecteurs qu'il leur était possible de maigrir en limitant les frustrations. Aujourd'hui, je peux leur assurer qu'ils peuvent maigrir et ne pas regrossir tout en recueillant du plaisir. Mieux, je dirais que le fait de savoir préparer de la pâtisserie compatible avec les aliments de mon régime leur permet d'en réduire le côté frustrant et donc de mieux maigrir. Cela leur donne de meilleures chances de stabiliser leur poids sur le long terme.

J'ai déjà eu l'occasion de le dire dans de nombreuses tribunes : pour moi, le fondement du « problème du Grossir et du Maigrir » se situe dans le registre du plaisir et du déplaisir.

En dehors des causes accessoires, accidentelles ou génétiques, on grossit pour compenser du déplaisir, de la souffrance ou du malaise, et on ne peut maigrir qu'en atténuant la frustration due au régime et en retrouvant du plaisir.

Si bon nombre de régimes et de méthodes échouent, c'est parce qu'ils ignorent cette notion de Plaisir/Déplaisir qui est au cœur même de toute motivation et du maintien de cette motivation dans le temps.

J'ai la chance d'avoir une longue expérience de terrain, suffisante pour m'être affranchi des pseudo-évidences issues du monde de la nutrition académique. Pour cette science trop jeune et cherchant à jouer dans la cour des sciences dures – sciences des chiffres et des équations – on grossit quand l'apport chiffré des calories fournies au corps est plus important que les dépenses chiffrées de ce même corps. Sortez vos calculettes et oubliez le reste.

Un tel système pourrait fonctionner pour une machine, un prisonnier dans sa cellule, un enfant dans son berceau ou un rat de laboratoire dans sa cage pour lesquels il n'y a d'autre solution que de consommer ce que l'on a décidé de leur donner. Mais pour vous, lectrice ou lecteur, il en va tout autrement, vous avez en poche une carte bleue ou un chéquier qui vous donne toute liberté pour vous approvisionner à votre guise, tout pouvoir pour acheter les aliments de votre choix, et les avoir et les savoir dans vos placards.

## Comment en vient-on à grossir ?

Réfléchissez un instant maintenant et demandez-vous ce qui vous a poussé à mettre ces aliments en bouche au point d'avoir grossi en accumulant, kilo après kilo, ce poids détesté.

De ce que je sais et entends chaque jour depuis si longtemps de l'immense majorité de celles et ceux qui se confient à moi, voilà ce que j'en retiens.

Quand vous mangez au-delà de vos besoins biologiques jusqu'à en grossir, ce n'est pas pour satisfaire une vraie faim surgie du manque de vos milliards de cellules privées de glucose. C'est encore moins pour vous procurer ce que l'enseignement de la nutrition définit comme quantité de calories et de nutriments « normaux » nécessaires pour vous.

Il s'agit de tout autre chose : vous utilisez ces aliments pour ce qu'ils transportent de plus précieux dans notre monde à la fois richissime mais dur, la fabrication d'un certain type de sensations qui, en arrivant dans votre cerveau, ont le pouvoir de créer du plaisir et un pouvoir encore plus sophistiqué, celui de neutraliser du déplaisir. Je m'explique.

Imaginons que votre vie amoureuse, familiale ou professionnelle ne vous apporte pas suffisamment de plaisir, que cela réduise votre épanouissement – un peu comme une plante qui manquerait d'eau ou de soleil – il y a fort à parier que vous serez tenté(e) de mettre en bouche un aliment qui traversera votre corps pour y déclencher du plaisir. Cette décision de mise en bouche n'est pas prise consciemment ni volontairement par vous, elle est prise dans votre vieux cerveau des profondeurs, ce cerveau animal qui gère votre survie. Il s'agit de deux minuscules centres logés dans l'hypothalamus et le système limbique qui gèrent tout autant l'attachement, la sexualité, le territoire, etc.

Imaginons maintenant que ce ne soit pas le manque de plaisir qui soit en cause mais le surcroît de déplaisir, de contrariétés, de stress qui vous agresse : la réaction instinctive et automatique des mêmes centres cérébraux se met en marche. Vous mettrez des aliments en bouche pour neutraliser ce surcroît de déplaisir et éviter que l'accumulation de ces souffrances inapaisées ne vous conduise marche après marche vers la dépression. Là non plus, ce n'est pas votre moi conscient et volontaire qui prend la décision mais votre programme intégré de survie commun à tous les mammifères. Dans ce cas, le processus est un peu plus complexe et indirect, votre cerveau ne produit pas du plaisir pour ajouter à votre épanouissement mais pour neutraliser l'excès de déplaisir. Tout cela peut vous paraître complexe mais rien n'est plus simple. Le fonctionnement émotionnel et instinctif de l'homme et des animaux supérieurs est dirigé par un gouvernail bilatéral : un côté oriente vers le plaisir, l'autre vers le déplaisir, mais il n'y a qu'une seule consigne intangible, naviguer en ramenant la barre au milieu. Si le vent de la vie oriente votre navigation vers le manque de plaisir ou le trop-plein de déplaisir, vos mécanismes de survie vont se mettre en branle pour corriger la déviation en cause afin de retrouver le cap.

Vous aurez compris que l'on grossit en mangeant au-delà des besoins énergétiques du corps pour trouver du plaisir. Comment abandonner cette béquille alimentaire, s'opposer à une démarche de survie aussi prioritaire pour maigrir ?

Il est clair qu'il ne suffira pas de décréter la réduction du nombre de calories ingérées, il faudra trouver un autre moyen de fabriquer du plaisir que celui fourni par l'aliment qui fait mal, l'aliment trop riche.

## Fabriquer du plaisir tout en cherchant à maigrir

Le premier de tous les plaisirs pour une personne qui cherche à maigrir est précisément de maigrir, de maigrir vite, surtout au début, pour y croire et fabriquer du succès qui fabrique à son tour du plaisir. Pour cela, il faut un régime qui démarre fort, c'est pourquoi ma première phase est dite «d'attaque» et ne dure que quelques jours mais bouscule la balance.

Un autre plaisir, surtout pour une femme, est de voir changer son corps, le sentir en se palpant ou en enfilant aisément des vêtements abandonnés depuis longtemps, accepter de se regarder en passant devant une glace.

Un autre plaisir encore est de fabriquer du succès, de la réussite, de la confiance en soi et de l'estime de soi : voilà de quoi faire accepter par le cerveau la réduction du plaisir d'origine alimentaire.

Il y a aussi ce plaisir surprenant et malheureusement méconnu qui consiste simplement à bouger. Il s'agit d'une découverte récente dans le domaine des neurosciences, peu connue du corps médical français et totalement ignorée du grand public. On a découvert que l'activité physique de niveau tolérable pour un individu moyen, trois heures par semaine, conduit à la production par les muscles et le cerveau de trois médiateurs chimiques : la sérotonine, qui procure la joie et le plaisir de vivre ; la dopamine, qui procure l'envie et l'énergie de vivre et la norépinéphrine, qui maintient en éveil et stimule la vigilance, l'attention et le niveau de conscience. Je vous rappelle que l'activité physique, notamment la marche, est indispensable : 20 minutes par jour en Phase d'Attaque, 30 minutes en Croisière, 25 en Consolidation et 20 minutes par jour pour le reste de la vie en Stabilisation définitive.

Parallèlement, pour neutraliser le déplaisir, je vous ai toujours proposé 100 aliments À VOLONTÉ, ce qui évite la souffrance et la frustration dues à la faim.

Il y a aussi le suivi, l'encadrement qui anesthésie la frustration, raison pour laquelle j'ai créé le coaching sur le Net avec une relation personnelle et surtout le dialogue aller-retour quotidien.

Chercher à maigrir ensemble dans un forum ou en se rejoignant sur un blog crée de la complicité et de l'émulation réduisant le déplaisir et la frustration qu'engendre le régime.

## Fabriquer du plaisir avec les 100 aliments, c'est possible !

Enfin, et c'est là que je voulais en arriver, il est possible de fabriquer du plaisir en mangeant, mais sans se laisser entraîner par la facilité et la tentation immédiate et habituelle du sucré, du gras, du riche et du calorique. On y parvient au prix de la réflexion, en privilégiant l'inventivité pour préparer des aliments capables de générer du plaisir tout en restant dans le registre des 100 aliments de ma méthode et de ses adjuvants.

Il existait déjà 1200 recettes regroupées sur le site www.regimedukan.com et toutes celles proposées dans la rubrique « Recettes Dukan ». La recherche et l'inventivité de tous les membres de la communauté Régime-Dukan permettent aujourd'hui de réaliser tout un ouvrage consacré à ce qu'il y a de plus pointu pour fabriquer du plaisir de bouche et de table : LA PÂTISSERIE ! C'est l'objet de ce livre qui constitue un pas de plus vers la victoire contre le surpoids, la réponse à ce que je considère comme la cause première et cachée du surpoids : l'utilisation de l'aliment hypersensoriel riche, sucré ou gras pour fabriquer du plaisir ou neutraliser du déplaisir. Nous sommes au cœur du sujet, entrons maintenant dans ce que peut vous apporter un ouvrage entièrement consacré à la pâtisserie « utile pour maigrir ».

## Cerveau et plaisir

Savoir en quelques minutes préparer une galette au son d'avoine, élaborer tout aussi vite une fournée de muffins, un cheesecake, un pain d'épices, un flan, une mousse, avoir intégré cet apprentissage tout en maigrissant vite et durablement inscrira celui-ci dans les comportements de survie, c'est-à-dire « fortement incitatifs et protégés de l'oubli ». Ce savoir-faire développé dans l'adversité et la restriction devient un luxe et un gage de sécurité en période de Stabilisation. Comment pouvoir abandonner des outils et des comportements aussi utiles et performants ?

Avant de vous livrer ces recettes avec leur mode d'emploi, j'aimerais approfondir ce que je viens de vous expliquer sur le plaisir. Vous estimerez peut-être que j'insiste un peu trop sur ces notions complexes issues des neurosciences mais, outre que c'est un sujet qui me passionne, je pense qu'il est de nature à beaucoup vous aider si vous y prêtez attention et c'est pour cela que j'y reviens en élargissant sa description.

Je crois que nous vivons aujourd'hui dans un monde désenchanté, que les idéaux ont déserté, et où la consommation, la matière, le modèle économique gouvernent nos vies sans élan ni rêve ni magie.

Je pense du fond du cœur qu'en chaque humain il y a un esprit curieux qui cherche à se nourrir d'informations et à s'élever en sortant du quotidien vers le haut mais que le modèle économique de nos sociétés le ramène à la consommation et à l'étouffement vers le bas. Et dans ce bas, il y a la «bouffe» qui fait grossir.

Ce sujet dont j'essaie de vous entretenir, je vous le dis sans exagération ni emphase, je le tiens pour ce qui peut et devra devenir le prochain idéal de l'homme : savoir comment notre cerveau est programmé pour nous aider à aimer vivre, en avoir envie et besoin. Et je pense que ceux qui en profiteront les premiers et le plus sont les obèses, les gros et les personnes en dépression.

Savoir comment fonctionne l'instrument ou l'objet le plus complexe de l'univers connu est d'une telle beauté et surtout d'un tel intérêt pratique qu'il satisfera notre insatiable besoin de comprendre et de découvrir. Bien plus encore, cela nous donnera, vous donnera à vous qui me lisez, les moyens les plus sûrs de vous diriger vers l'objectif de toute vie : exister en prenant plaisir à exister, arracher du bonheur à la vie.

Ce questionnement a pris naissance et s'inscrit dans la lutte personnelle que je mène depuis quarante ans contre le surpoids. Mon expérience, à travers la rencontre de tant de patients cherchant à maigrir, m'a convaincu que le surpoids naissait toujours sur fond d'insatisfaction, de malaise, de souffrance, de vulnérabilité et d'intolérance au stress. J'ai ainsi acquis la conviction que le surpoids était le marqueur sociologique d'un mode de vie insatisfaisant, soit à cause d'une difficulté passagère ou durable à s'épanouir, soit à cause de l'accumulation de stress.

La grande majorité des personnes qui me consultent pour les aider à maigrir détestent leur surpoids. Elles sont prêtes à beaucoup d'efforts pour le (re)perdre mais avouent l'avoir pris à leur corps défendant pour calmer une souffrance encore plus importante que celle qu'elles éprouvent à grossir.

N'oubliez jamais que VOUS, l'ensemble complet qui vous compose, est formé d'un corps et d'un psychisme. La gestion de votre corps est entièrement automatique, elle se fait par voie réflexe et repose sur une loi simple : la loi du retour à l'équilibre, que les savants ont dotée d'un nom barbare, l'«homéostasie». Cette loi explique la physiologie et la survie de tous les animaux supérieurs, l'homme compris. Il s'agit du principe vital qui permet au corps de déclencher les mesures nécessaires pour revenir à l'équilibre lorsqu'il s'en éloigne. Il réagit de cette manière aux agressions extérieures par des adaptations de son milieu intérieur. Ainsi, lorsque vous manquez d'eau et que vous vous déshydratez, votre cerveau déclenche la soif qui vous pousse à boire ou encore, lorsque vous êtes en milieu froid, votre corps frissonne pour fabriquer de la chaleur et vous réchauffer. Des milliers de ces exemples protègent votre vie en permanence.

Pour en avoir si longtemps observé les manifestations dans ma longue vie professionnelle, en interrogeant mes patients, j'ai pu constater et établir que, tout comme il existe une homéostasie qui gère nos fonctions vitales, il existe une homéostasie qui gère notre accès au plaisir. L'intérêt de cette découverte tient à ce que, là encore, tout fonctionne de manière automatique et inconsciente.

Ainsi, lorsque le plaisir vient à manquer de manière chronique dans votre existence ou si, ce qui revient au même, vous êtes accablé(e) par trop de stress, votre cerveau est programmé pour vous amener par tous moyens disponibles à retrouver suffisamment de plaisir pour que vous n'abandonniez pas le projet central de votre existence : rester en vie. Je vérifie quotidiennement que, lorsqu'une de mes patientes ne parvient pas à puiser dans son quotidien suffisamment de satisfactions et d'épanouissement, des comportements se mettent instinctivement en place pour en récolter coûte que coûte et partout où cela est possible. La finalité de cette réaction instinctive est d'éviter que notre récolte de plaisir ne descende en dessous d'un seuil – que j'appelle le SMIC de plaisir – à partir duquel l'envie de vivre s'étiole jusqu'à nous faire passer en mode dépressif, puis en mode d'extinction.

## La loi du plaisir

Pourquoi et en vertu de quelle loi ou raison faudrait-il du plaisir pour survivre ?

Parce que, et tous les mammifères fonctionnent de la sorte, nous portons au plus profond de notre cerveau animal un centre qui gère de manière automatique et inconsciente notre existence pour que rester en vie soit un objectif prioritaire, pour que nous nous acharnions à vivre et à ne pas mourir.

Ce centre, je l'appelle Pulsar car il émet une pulsation de vie automatique semblable à celle du cœur du fœtus. Cette pulsation apparaît dès que l'œuf – rencontre puis fusion de l'ovocyte et du spermatozoïde – s'est suffisamment développé pour ne plus être un simple morceau de la mère. Cette pulsation débute très tôt, dans les tout premiers mois de la vie utérine et ne cesse qu'à la mort. L'intensité de la pulsation varie avec les embellies et les difficultés de la vie et, de manière critique, avec les états dépressifs majeurs qui peuvent aller jusqu'à l'arrêt d'émission et au suicide.

La question qui m'a longtemps taraudé et à laquelle j'ai fini par répondre était de savoir quelle était la force ou l'énergie qui animait ce Pulsar, ce qui le «nourrissait» et entretenait son émission dans la poursuite de la survie. Attention, lecteur, nous entrons dans une zone qui touche à l'essentiel, attachez vos ceintures, il y va de la compréhension de la vie à sa racine.

Pour comprendre comment fonctionne notre Pulsar, il faut le penser comme un moteur qui produit la chose la plus précieuse au monde : l'envie et l'énergie bouillonnante de vivre. Ce moteur qui nous mobilise est dirigé par un gouvernail qui oriente et canalise cette force tumultueuse et brouillonne. La barre de ce gouvernail est tenue par les deux petits centres dont je vous ai déjà parlé : le centre du plaisir et celui du déplaisir gérant la récompense et la punition.

Nos comportements instinctifs, ceux par exemple qui nous poussent à nous nourrir ou à nous reproduire, entre autres, sont génétiquement programmés pour nous conduire vers le plaisir et nous éviter le déplaisir. Une grande partie de l'intérêt et du mystère de la vie se situe dans la réussite et l'efficacité de ces comportements. Et ce que cherche la vie sans même que nous le sachions, ce que l'énergie du Pulsar, les orientations du gouvernail et les comportements de recherche tendent, à travers nous, à trouver par tous moyens, c'est justement et toujours ce plaisir, toujours ce plaisir.

La question que vous devez légitiment vous poser est : pourquoi ce plaisir est-il si indispensable, on pourrait très bien vivre sans plaisir, non ? Nous voilà au cœur même du fondement de l'existence et, quand la démonstration sera finie, si vous l'avez bien comprise et que vous mettez à profit cette connaissance, vous détiendrez tout ce qui importe pour faire de votre vie une vie heureuse.

Avant d'aller plus plus loin, revenons au mot « plaisir ». Ce dut être un des premiers mots créés par l'homme. Aujourd'hui, c'est un mot qui a été si utilisé que son sens est devenu flou. Quand on parle de plaisir, on a tendance à ne penser qu'à la simple sensation agréable qui « nous fait plaisir ». C'est en partie exact, mais ce qui est crucial, c'est ve dans le même temps, nous pensons que cette sensation, outre le plaisir ressenti, « nous fait du bien ».

Vous penserez peut-être qu'il ne s'agit que d'une nuance sans grande importance. Détrompez-vous, entre *plaisir* et *bien*, il y a un monde, et ce monde, il vous faut le comprendre, ne vous en inquiétez pas, c'est simplissime, comme la vie.

En effet, camouflé sous cette sensation de «plaisir agréable» que nous connaissons tous, voyage un passager discret, l'essence même de ce que nous recherchons tous sans le savoir du premier au dernier jour de notre vie : l'énergie vitale, la force qui nous pousse à vivre et à ne pas mourir. Voyageant ensemble, le premier à se manifester est le plaisir qui nous procure une sensation agréable et s'éteint. Le second passager, invisible et seul en piste, continue son chemin qui le mène jusqu'au Pulsar. La mission de ce passager est d'apporter au Pulsar l'énergie qu'il transporte pour le recharger et boucler ainsi la boucle de la vie : un Pulsar qui pulse, un gouvernail qui oriente, des comportements instinctifs qui recueillent le plaisir et une nourriture conjointe qui vient recharger le Pulsar.

À travers ce mécanisme, vous devez comprendre que si la récolte de cette nourriture jumelle du plaisir est insuffisante et durablement insuffisante, la puissance de votre Pulsar risque de faiblir et avec elle votre énergie vitale, tout simplement votre envie de vivre !

Cette nourriture vitale, voyageant discrètement sous l'exubérance du plaisir, participe tellement de l'évidence intuitive de la vie qu'elle n'a jamais reçu de nom, on l'oublie en l'assimilant, soit au plaisir, soit au concept flou d'instinct de conservation.

Pour sceller son existence, circonscrire son territoire, la fixer et pouvoir l'utiliser, il me fallait la nommer, je l'ai appelée *Satisfaisance* pour prendre en compte, dans le même mot, la satisfaction et la bienfaisance. Attention, je ne suis pas en train de vous donner un cours de physiologie ou de philosophie, je vous amène très concrètement vers notre sujet commun, votre surpoids.

Pour comprendre dans la pratique et la vie quotidienne comment une récolte insuffisante de Satisfaisance peut retentir sur la qualité du vécu, prenons l'exemple, hélas ! si courant de nos jours, de la dépression.

Si vous êtes doté(e) d'une vulnérabilité affective et qu'une succession de stress et d'agressions vous perturbe, votre recette de plaisir va s'épuiser. Votre production de Satisfaisance baissera aussi, votre Pulsar de vie ne se rechargera plus et l'énergie vitale qu'il sécrète déclinera. L'humeur se décolore, les projets se déconstruisent, l'énergie vitale baisse, la fatigue devient omniprésente, le sommeil se délite. Un matin, l'envie de sortir du lit s'éteint et avec elle la récolte de plaisir. Tout s'arrête.

Jadis, un état dépressif pouvait mener jusqu'à l'asile. Aujourd'hui, les antidépresseurs assurent le rôle que ne peut plus jouer la Satisfaisance : sécréter les médiateurs chimiques capables de recharger le Pulsar de vie.

## Surpoids et gestion du plaisir

Arrivons maintenant au registre qui nous intéresse ici : le surpoids et son lien direct avec la gestion du plaisir.

Lorsque vous traversez des périodes d'insatisfaction et de stress, des moments de grisaille où vous éprouvez du mal à vous épanouir, votre récolte de Satisfaisance baisse. Votre organisme dans son entier en souffre, un état d'alerte se met en place qui déclenche des comportements chargés d'arracher du plaisir sous n'importe quelle forme.

Ceux qui ont des facilités à compenser par la nourriture iront chercher ce plaisir dans les aliments les plus gratifiants, les plus riches en saveurs, gras, sucrés et caloriques ; ils grossiront. D'autres s'orienteront vers des vecteurs de plaisir qui ne doivent rien à l'aliment, des nourritures mais non alimentaires. Affectives, physiques, esthétiques, spirituelles, toutes ces sources de plaisir se présentent sous des apparences très différentes mais produisent et transportent toutes la même et précieuse nourriture commune, la Satisfaisance sans laquelle le Pulsar et la vie s'éteignent.

Mais alors, quelles sont ces autres nourritures non alimentaires et ces comportements destinés à les récolter en satisfaisant nos grands besoins d'espèce, les besoins humains ?

J'ai passé ces vingt dernières années à identifier ces grands besoins naturels de l'homme dont la satisfaction entretient son aptitude à vivre. Bien qu'universels et structurant le psychisme humain, ils s'expriment avec difficulté de nos jours au sein de cultures qui tendent à les occulter. C'est l'homme primitif, l'homme nu non pollué par sa culture qui a éclairé cette recherche. Vous reconnaîtrez aisément la sexualité et plus largement l'amour, le couple, le soin aux petits, les parents... Le plaisir peut sourdre de ces besoins lorsqu'on ne les prend pas à rebrousse-poil. Pensez à toute la souffrance qu'engendrent ces choses et ces êtres par leur absence. Vous identifierez ces comportements universels liés à la société et au groupe au sein duquel on tente de trouver sa juste place en utilisant le charisme du dominant où les compétences et les dons de naissance. Ces aptitudes naturelles et la dominance n'ont plus la pertinence et l'efficacité qu'elles pouvaient avoir dans un groupe primitif où les besoins de la chasse, de la cueillette, de la prouesse manuelle, l'agressivité au service de la défense du groupe sont aujourd'hui disqualifiés dans le contexte étroit de travail et de profession.

Ces besoins naturels de l'homme, je les ai traqués avec un immense plaisir, je suis parvenu à en identifier dix et, malgré d'incessants efforts, je n'en ai pas trouvé de onzième, et je les ai regroupés sous l'appellation de mes « 10 piliers du bonheur ». Ils feront l'objet de mon prochain ouvrage.

Parmi eux, vous en reconnaîtrez un immense que vous connaissez bien, c'est le besoin de manger, se nourrir pour survivre, certes, mais peut-être plus encore pour produire la sensation de plaisir sous laquelle transite son pendant de Satisfaisance.

Dans nos sociétés, la majorité de ces grands besoins naturels devient de plus en plus difficile à satisfaire. Ils ont le tort d'être gratuits et d'entrer en concurrence avec les faux besoins créés de toutes pièces pour la consommation. Quand les grandes avenues qui mènent au plaisir naturel et au bonheur se ferment et que le besoin de Satisfaisance réclame son dû, c'est vers le plaisir simple et immédiat produit par les aliments que vos comportements de survie vous poussent, et c'est ainsi que s'installe puis se développe la plupart des prises de poids.

N'oublions jamais que toute cette machinerie complexe qui gère notre survie s'est mise en place dans nos gènes au moment où notre espèce – Homo Sapiens Sapiens – est née. En ce temps-là, l'environnement était tout autre et le premier commandement de la survie était de trouver dans ces grands espaces froids et hostiles suffisamment d'aliments et d'énergie pour seulement exister. Si vous prenez le temps d'y réfléchir, vous constaterez que la majorité des aliments que vous trouvez « bons » sont presque toujours les plus riches en calories. Plus un aliment est riche, plus il est gras et plus encore s'il est sucré, plus il nous séduit et nous attire jusqu'à forcer notre résistance.

Il faut aussi savoir que cette programmation initiale n'a pas changé d'un iota depuis le premier homme. Les petits Parisiens ou New-yorkais qui naissent aujourd'hui «sortent d'usine» avec le même moteur que les nouveau-nés de Cro-Magnon. L'environnement, les cultures, les traditions, les religions et les impératifs économiques ont pu s'acharner à tempérer au cours des millénaires nos pulsions biologiques, rien n'y a fait. Le besoin des sensations de bouche liées à ce qui est riche en calories demeure comme un totem indéracinable, et par-dessus toutes ces sensations, celles magiques du sucré.

Des travaux scientifiques montrent que nos gènes se sont développés dans un contexte de pénurie dans lequel le seul sucre disponible était celui des baies ou des fruits sauvages que les oiseaux voulaient bien nous laisser. Les anthropologues estiment qu'en ces temps reculés notre consommation de sucres devait être de 2 kg par an et par personne. En 1830, nous étions passés à 5 kg par an. En 2000, nous avons atteint en France le seuil inédit de 35 kg par an et 70 kg aux États-Unis. En quelques chiffres, tout est dit.

## Les recettes du plaisir… sans les calories

Fort heureusement, s'il n'est pas possible de modifier nos gènes et nos pulsions, il existe aujourd'hui de nouveaux moyens de contourner ce danger, des outils récents et encore imparfaits mais que la recherche affine régulièrement. Il s'agit des leurres, des produits qui parviennent à dissocier ce que la nature a associé en nous, le plaisir et les calories. Vous connaissez les édulcorants, ils ont le goût du sucre mais pas ses calories. Personnellement, je considère que les leurres représentent un immense progrès dans la lutte contre le surpoids. Il existe actuellement de nombreux leurres alimentaires, un grand nombre de produits « allégés » en graisse ou en sel. Mais les leurres de deuxième génération, les substances sur lesquelles j'ai le plus travaillé et auxquelles j'accorde le plus d'intérêt et d'avenir, ce sont les arômes. Ils ne sont encore connus que d'un public très circonscrit que j'aimerais voir s'élargir. Un arôme, c'est un goût et une odeur qui portent l'essence et la signature neurologique de l'aliment. Une goutte d'arôme vanille dans un flan suffit à modifier le spectacle que notre cerveau s'en fait, à lui conférer de la magie ; une goutte d'arôme rhum suffit à faire rêver aux alizés en buvant un simple jus de fruit ; une goutte d'arôme roquefort sublime une désuète vinaigrette au yaourt et une goutte d'arôme beurre fondu confère de l'onctuosité et la sensation de gras au plus maigre des steaks hachés. Soyez attentifs aux arômes, ils n'ont pas livré tous leurs secrets ni épuisé toutes leurs ressources.

Aujourd'hui, je vous propose dans ce petit livre une centaine de recettes composées avec une partie de ces leurres, un arsenal destiné à générer du plaisir là où l'on attend plutôt de la restriction et de la frustration. Il est rare d'invoquer le mot de « pâtisserie » quand on s'attelle à un régime, quand on cherche à maigrir. Je prends ce risque car toutes celles et tous ceux qui ont essayé ces recettes ont avancé plus vite et plus longtemps – c'est un bon signe. J'espère de tout cœur que ces recettes dont j'ai goûté la plupart vous aideront. Toutes les recettes de desserts que vous trouverez dans ce livre sont autorisées dans mon régime. Néanmoins, n'oubliez pas que certaines recettes sont préparées avec du son de blé, de la Maïzena et du cacao dégraissé. Ces aliments ne bénéficient pas de la mention À VOLONTÉ, applicable aux 100 aliments des deux phases proprement amaigrissantes de mon régime. Les sons sont limités et les Tolérés ne sont que des Tolérés dont l'usage est limité, tant en quantité que dans le nombre de leur association. N'oubliez pas de consulter la liste et le mode d'emploi de ces aliments (cf. p.23).

Un autre élément important : il n'existe que 6 recettes préparées avec des fruits. Comme telles, elles n'apparaissent qu'en phase 3 de Consolidation comme vous le constaterez dans la sélection des recettes.

Un autre point important concerne les édulcorants. Ma position est claire : je suis clairement pour qu'on les utilise sans hésitation aucune. L'argument selon lequel consommer des édulcorants entretient le goût du sucre ne tient pas car, dans ma longue expérience de nutritionniste, je n'ai jamais rencontré quelqu'un et encore moins quelqu'un qui ait perdu son attirance pour le sucre en suivant un régime sans sucre ni édulcorant, alors autant ne pas cultiver inutilement la frustration. Dans les recettes, vous trouverez des édulcorants différents afin d'une part de les varier, et d'autre part de choisir l'édulcorant le mieux adapté à la recette tant au niveau du goût qu'au niveau de la cuisson.

Enfin, ce serait une grande lâcheté de finir cette introduction sans parler du chocolat. Pour n'importe quel nutritionniste impliqué dans la lutte contre le surpoids, le chocolat est la première des diableries face à laquelle un grand nombre de celles et ceux qui grossissent se révèlent sans défenses. Si vous êtes dans ce cas, il n'existe pour vous qu'une solution : le CACAO, le principe actif spécifique du chocolat, le reste n'étant que sucre blanc et beurre de cacao. Et ce cacao vous est autorisé, à dose contrôlée, s'il est dégraissé. Mais on en fait de la saveur de bouche avec une seule cuillère à café quand il est pur et dégraissé.

## Savoir miser sur soi-même

À présent, si vous m'avez bien compris et suivi dans mes pérégrinations sur le besoin de plaisir, d'épanouissement et de bonheur, ce livre vous apportera un cadeau que vous ne connaissiez pas avant de l'ouvrir : de la Satisfaisance et l'énergie vitale nécessaire pour mener à bien un projet aussi difficile et antinaturel que celui de maigrir.

Puisque nous parlons de « nature » en général et de la nôtre – la nature humaine – en particulier, vous n'ignorez pas que nous vivons dans un monde inscrit dans un modèle économique où la nourriture est maintenant produite à 70 % par l'industrie. Quel que soit votre âge, vous devez désormais être habitué(e) aux pâtisseries industrielles, aux glaçages artificiels, aux colorants, aux adjuvants, aux crèmes et aux matières grasses frelatées. Dans ce livre, je vous propose du « fait-maison par vos soins avec des produits naturels ». Je sais qu'il n'est pas dans l'air du temps de s'accorder du temps pour soi, mais si vous cherchez à maigrir, c'est que, quelque part, vous avez compris que l'air du temps menait à bien des choses, dont votre surpoids, et que, « mettant la main à la pâte », vous misez sur vous. Et si vous avez des enfants, ils seront surpris, agréablement, mais je vous promets que cela vous permettra de leur apprendre qu'il existe d'autres douceurs que les biscuits industriels et les friandises artificielles.

En finissant cette introduction, il me vient à l'esprit que j'ai peut-être lassé quelques-uns de mes lecteurs en approfondissant dans un livre consacré à la pâtisserie le thème qui m'est si cher de la quête du bonheur et du décryptage des ultimes raisons de vivre. Je l'ai fait en misant sur l'aspiration de chacun à s'élever et, même si vous avez peiné, ne vous en inquiétez pas, revenons ensemble vers le concret et la sensorialité des recettes. Je suis sûr que la semence d'aujourd'hui continuera de vivre et de croître en vous, car il n'y a rien de plus fondamental que de savoir comment nous fonctionnons. Votre poids et son dérèglement font partie intégrante de cette sphère de connaissances.

# LES INGRÉDIENTS INDISPENSABLES
## À LA PÂTISSERIE DUKAN
## ET OÙ LES TROUVER ?

### • Le son d'avoine

Le son d'avoine est l'un des fondements de mon régime et de ma méthode, et forcément de *La Pâtisserie Dukan*. En plus de son action médicinale, c'est à ma connaissance, le seul aliment pouvant se prévaloir d'une action amaigrissante. Capable d'absorber 22 fois son volume d'eau, il gonfle dans l'estomac et rassasie très vite. Dans l'intestin, il colle aux aliments et les entraîne avec lui dans les selles.

Mais attention ! Tous les sons du marché ne se valent pas. Pour qu'un son ne soit pas qu'un simple son de cuisine mais un son médicinal, sa fabrication doit respecter strictement le mode de broyage et le mode de séparation de la graine et du son, c'est-à-dire la mouture et le blutage. Celle que j'ai définie avec les agronomes finlandais est la mouture M2bis et le blutage B6.

Le son d'avoine se trouve dans toutes les boutiques diététiques. Le son d'avoine médicinal se trouve dans certaines pharmacies et boutiques diététiques, sur internet et chez Monoprix.

### • Le son de blé

Le son de blé est l'un des aliments les plus riches en fibres insolubles largement utilisées pour prévenir la constipation. Sa dureté et sa consistance peuvent donner de la densité et de la consistance à certaines recettes.

Le son de blé se trouve dans toutes les boutiques diététiques, dans certaines pharmacies et sur internet.

### • Les édulcorants

Aujourd'hui, tous les édulcorants autorisés sur le marché français sont utilisables pour la cuisine. Tous ont fait l'objet de nombreuses études scientifiques en vue de déterminer leur entière sécurité pour la consommation humaine.

Dans ce livre, vous en trouverez un certain nombre que j'ai retenus pour la pertinence de leur goût ou pour leur résistance à la cuisson : Canderel et Canderel vanille (aspartam), Stevia cristallisée (Stevia) pour toutes les préparations froides ou chauffées légèrement, et en cas de cuisson intense, Hermesetas liquide  (Cyclamate et Saccharine) et Splenda (sucralose).

Canderel et Hermesetas liquide se trouvent dans la grande distribution, tandis que Stevia cristallisée se trouve en pharmacies, en magasins diététiques et sur internet, et Splenda uniquement sur internet en France aujourd'hui.

## • La Maïzena

La Maïzena est de la fécule de maïs. Ce n'est pas un aliment autorisé se prévalant de la mention «à volonté» mais c'est un « Toléré » à la dose de 1 cuillère à soupe par jour. Je lui ai accordé ce statut car elle est extrêmement utile pour lier des sauces, cuisiner des entremets et confectionner des gâteaux légers. Elle ne contient pas de gluten.

## • Le cacao dégraissé

Le cacao dégraissé est le principe actif du chocolat, le reste du chocolat n'est que graisse et sucre. Le cacao permet donc de ne pas avoir à abandonner le goût du chocolat dans le régime et de se cuisiner d'incroyables pâtisseries légères.

Mais attention, le cacao simple et non sucré comme le magnifique Van Houten ne suffit pas. C'est du cacao dégraissé sans sucre qu'il faut, cacao qui n'est encore lui aussi qu'un aliment Toléré. Il n'est pas encore vendu dans la grande distribution mais vous le trouverez sur internet, dans certaines pharmacies et boutiques diététiques.

## • Les arômes

Tout comme le cacao, je vous les ai déjà présentés. Les arômes alimentaires représentent un concept exceptionnel et ont un grand avenir dans le domaine de la lutte contre le surpoids. J'ai beaucoup travaillé sur la physiologie de ce phénomène qui permet d'utiliser des odeurs et des saveurs puissantes et originales sans les calories auxquelles elles sont habituellement liées. Les arômes ouvrent un boulevard à mon régime en lui donnant la possibilité d'associer la liberté aux quantités et aux saveurs. Malheureusement, ils sont mal distribués et on ne les trouve pour l'instant que sur Internet.

## • L'agar-agar et la gélatine

Nous connaissions jusqu'à présent surtout la gélatine, produit protéiné qui se présente généralement en feuilles ou encore en poudre. Principalement d'origine animale (bovine ou porcine), elle nécessite une réhydratation des ses feuilles dans de l'eau froide avant d'être utilisée.

Une fois ramollies, les feuilles doivent être essorées, puis ajoutées à un liquide chaud, mais non bouilli, pour y être diluées avant d'être refroidies pour gélifier.

On peut trouver aussi des variétés particulières de gélatine préparées à partir de poisson de façon à être casher ou halal (à acheter dans les magasins casher ou halal).

La gélatine s'achète principalement en supermarchés et hypermarchés.

Mais il est tout aussi possible d'utiliser un gélifiant noble d'origine marine, l'agar-agar, extrait d'algues de mer récoltées loin des côtes. Il est encore plus simple à préparer que la gélatine. Il suffit de déposer 2 grammes de poudre d'agar-agar dans un demi-litre de n'importe quelle boisson, lait, thé aromatisé, jus de soja, jus de fruit, tisane, bouillon de viande ou de légumes, de chauffer le mélange jusqu'à ébullition et d'attendre son refroidissement pour préparer un flan ou une gelée. Et moins on met de liquide, plus la préparation est ferme.

On trouve l'agar-agar sur internet et dans les boutiques diététiques ou asiatiques.

## • Quand consommer les pâtisseries Dukan ?

Les mentions PP, PL et C dans les recettes indiquent les phases du régime Dukan au cours desquelles vous pourrez déguster vos pâtisseries.

La distribution des recettes s'établit ainsi :

- Recettes de Protéines Pures : PP
- Recettes de Protéines + Légumes : PL
- Recettes de Consolidation : C

Les aliments de la classe des Tolérés (voir page suivante) ne sont pas autorisés en Phase d'Attaque (Phase 1) et en Jeudis de Consolidation et Stabilisation (Phases 3 et 4).*

## • Dosage des arômes et édulcorants

Selon la marque utilisée, la force gustative des arômes peut varier. N'hésitez pas à adapter le dosage. De la même façon, en fin de préparation, goûtez vos desserts pour vérifier si la saveur sucrée est suffisamment intense pour vous et adaptez, si nécessaire, la dose d'édulcorant.

* NDÉ : À celles et ceux qui découvrent la méthode Dukan, nous recommandons la lecture du livre référence du Dr Pierre Dukan : *Je ne sais pas maigrir*, édition 2011, aux Éditions J'ai lu.

## • Les Tolérés pour la pâtisserie

Les Tolérés sont des ingrédients qui permettent d'agrémenter la cuisine au quotidien.

Ils contiennent un peu plus de sucre ou de gras que les aliments autorisés mais leur consommation, limitée à 2 portions par jour maximum, ne représente pas un frein à l'amaigrissement.

Attention, nous vous rappelons qu'ils ne sont autorisés qu'à compter de votre Phase de Croisière et interdits en Phase d'Attaque (Phase 1) et pendant les Jeudis Protéines Pures (Consolidation, Stabilisation).

| | |
|---|---|
| Yaourt à 0 % aux fruits | 1 pot |
| Yaourt au soja nature | 1 pot |
| Maïzena | 1 cuillère à soupe ou 20 g |
| Farine de soja | 1 cuillère à soupe ou 20 g |
| Crème fraîche 3 % de MG max. | 1 cuillère à soupe ou 30 g |
| Cacao dégraissé, non sucré 11 % MG | 1 cuillère à café ou 7 g |
| Vin pour cuisson à découvert | 3 cuillères à soupe ou 30 g |
| Lait de soja | 1 verre ou 15 cl |
| Fromage 7 % de MG max. | 30 g |
| Huile | Quelques gouttes puis Sopalin |
| Ricoré | 1 cuillère à café ou 7 g |
| Le sirop 0 % | 20 ml |
| Les baies de Goji | 1 à 3 cuillères à soupe selon la phase |

# Galettes de Son d'Avoine Saveur Sucrée

Pour 4 personnes | Préparation : 5 min | Cuisson : 10 min

PP - PL

---

8 cuill. à soupe de son d'avoine
4 cuill. à soupe de son de blé
8 cuill. à soupe de fromage blanc à 0 % de MG
2 cuill. à soupe de Splenda
4 œufs

---

- Séparez les blancs des jaunes des 4 œufs.
- Dans un petit saladier, mélangez tous les ingrédients de base (sauf les blancs d'œufs) pour obtenir une pâte homogène.
- Montez les blancs en neige et incorporez-les dans la préparation.
- Une fois la préparation terminée, versez 1/4 de celle-ci (pour une première galette) dans la poêle chauffée sur feu moyen et laissez cuire pendant environ 5 min. Retournez à l'aide d'une spatule et poursuivez la cuisson encore 5 min. Faites cuire ensuite les 3 autres galettes.
- Vous pouvez également ajouter 1 cuillère à café de cacao dégraissé pour une galette au chocolat.

# Crêpes Érable au Son d'Avoine

Pour 4 personnes | Préparation : 5 min

Cuisson : 2 à 3 min par crêpe

PP - PL

---

2 cuill. à soupe de yaourt nature brassé à 0 %
de MG ou de yaourt nature soja
2 œufs entiers
2 blancs d'œufs
4 cuill. à soupe de son d'avoine
2 cuill. à soupe de son de blé
¼ de verre de lait écrémé
4 gouttes d'arôme érable
4 cuill. à soupe d'eau chaude
4 sticks de Canderel vanille

---

- Mélangez à l'aide d'une fourchette le yaourt, les œufs entiers et les blancs d'œufs dans un saladier et battez quelques secondes.
- Ajoutez le son d'avoine et le son de blé et continuez à mélanger.
- Rajoutez un petit fond de lait écrémé si la pâte, en fonction de la qualité de votre yaourt, vous semble encore épaisse.
- Pendant ce temps, faites chauffer une poêle antiadhésive à feu moyen. Une fois la poêle chaude, déposez une petite louche de pâte et étalez-la afin que la crêpe ne soit pas trop épaisse. Laissez cuire 1 à 2 min à feu doux et tournez délicatement à l'aide d'une spatule pour la laisser cuire de l'autre côté.
- Mélangez dans un petit bol les 4 cuillères à soupe d'eau chaude, le Canderel vanille et l'arôme érable et versez sur les crêpes. Vous pouvez saupoudrer encore de Canderel selon votre goût.

# Crêpes Freezer au Chocolat

Pour 4 personnes | Préparation : 20 min | Cuisson : 10 min

Congélation : 1 h

PP - PL

---

4 cuill. à soupe de son d'avoine
12 cuill. à soupe de lait écrémé
2 œufs entiers
4 jaunes d'œufs
3 cuill. à soupe d'eau de fleur d'oranger
12 cuill. à soupe de lait écrémé
2 cuill. à soupe de Maïzena
20 gouttes d'arôme chocolat
4 cuill. à café de cacao sans sucre dégraissé
2 cuill. à soupe bombées de Splenda

---

■ **Pour les crêpes :** Dans un bol, mélangez le son d'avoine, le lait, les œufs et l'eau de fleur d'oranger. Huilez une poêle antiadhésive à l'aide d'une goutte d'huile que vous étalez avec du papier absorbant. Faites cuire 4 crêpes. Pour chaque crêpe, prenez soin de bien étaler la pâte pour qu'elle soit fine, faites cuire 1 à 2 min, puis retournez à l'aide d'une spatule et faire cuire l'autre côté.

■ **Pour la crème au chocolat :** Prenez une toute petite quantité de lait écrémé pour délayer la Maïzena. Faites chauffer le reste avec l'arôme chocolat et le cacao. Mélangez les 4 jaunes d'œufs avec le Splenda et ajoutez-y la Maïzena. Versez doucement le lait chaud dessus, sans cesser de tourner avec une cuillère en bois. Remettez dans la casserole. Faites cuire la crème pendant 3 min en remuant et laissez refroidir. Disposez chaque crêpe sur une feuille de film alimentaire. Étalez la crème froide sur la crêpe, roulez en serrant le film à chaque extrémité pour former un rouleau et placez 1 h au freezer/congélateur. Sortez ensuite les rouleaux, retirez les films alimentaires et servez.

# Gaufres Légères Citron Vert

Pour 4 personnes | Préparation : 10 min

Cuisson : en fonction de votre gaufrier

PP - PL

---

2 œufs entiers
4 blancs d'œufs
1 pincée de sel
4 cuill. à soupe de Maïzena
1 sachet de levure
4 cuill. à soupe de fromage blanc à 0 % de MG
2 cuill. à soupe de Splenda
2 dosettes de sirop Teisseire à 0 % de sucre
citron-citron vert*

---

- Dans un saladier, montez les 4 blancs d'œufs en neige et ajoutez-y 1 pincée de sel

- Dans un autre récipient, mélangez le reste des ingrédients : œufs, Maïzena, fromage blanc, Splenda, levure, sirop.

- Une fois la préparation bien lisse, incorporez les blancs en neige au mélange avec délicatesse.

- Laissez bien chauffer le gaufrier, passez un papier absorbant légèrement huilé sur les plaques.

- Confectionnez vos gaufres et faites cuire à l'aide de votre gaufrier.

* Le goût citron-citron vert peut être également apporté par l'utilisation d'arômes citron ou tarte citron meringuée.

# Langues de Chat façon Dukan

Pour 4 personnes | Préparation : 15 min | Cuisson : 20 min

PP - PL

---

3 cuill. à soupe de Splenda
4 cuill. à soupe de Maïzena
1 cuill. à café de levure
1 yaourt nature à 0 % de MG
5 gouttes d'arôme beurre fondu
10 gouttes d'arôme vanille
6 blancs d'œufs
1 pincée de sel

---

- Préchauffez le four à 180 °C (therm. 6).
  Mélangez le Splenda, la Maïzena,
  la levure, le yaourt et les arômes
  dans un saladier.

- Dans un autre saladier, montez les blancs
  d'œufs en neige très ferme et ajoutez-y
  1 pincée de sel.

- À l'aide d'une poche à douille, dressez
  des bâtonnets de 8 cm de long environ,
  sur une plaque recouverte de papier
  sulfurisé. Laissez cuire à 180 °C pendant
  15 à 20 min en surveillant.

# Madeleines à la Fleur d'Oranger

Pour 4 personnes | Préparation 15 : min

Cuisson : 15 à 20 min

PP - PL

---

12 cuill. à soupe de fromage blanc à 0 % de MG
8 œufs
8 cuill. à soupe de Splenda
12 cuill. de son d'avoine
8 cuill. à soupe rases de Maïzena
2 sachets de levure chimique
4 cuill. à soupe de fleur d'oranger

---

- Préchauffez le four à 180 °C (therm. 6).
- Dans un saladier, fouettez les œufs et le Splenda pour obtenir un mélange blanc et mousseux.
- Ajoutez peu à peu le fromage blanc, le son d'avoine, la Maïzena mélangée à la levure, puis la fleur d'oranger. Continuez à mélanger pour obtenir une pâte bien lisse.
- Laissez reposer ½ h à 1 h.
- Répartissez la pâte dans un moule à madeleines.
- Passez au four pendant 15 à 20 min à la même température, en surveillant.
- Dès la sortie du four, laissez refroidir les madeleines dans leur moule, puis démoulez-les. Les madeleines peuvent se conserver dans une boîte métallique quelques jours.

# Cookies Choco

Pour 4 personnes | Préparation 10 : min | Cuisson : 20 min

PP - PL

---

8 œufs
4 cuill. à café de cacao dégraissé
2 cuill. à soupe de Splenda
2 cuill. à soupe d'arôme vanille
8 cuill. à soupe de son d'avoine
4 cuill. à soupe de son de blé
1 pincée de sel

---

- Préchauffez le four à 180 °C (therm. 6).
- Séparez les blancs des jaunes des 8 œufs.
- Dans un saladier, mélangez les 8 jaunes, le Splenda, le cacao dégraissé, la vanille et les sons.
- Dans un autre récipient, battez les blancs d'œufs en neige très ferme, ajoutez-y 1 pincée de sel et incorporez-les délicatement à la préparation précédente.
- Versez la préparation dans un moule plat en faisant des petits tas ronds.
- Mettez dans le four à la même température que le préchauffage pendant 15 à 20 min. Surveillez la cuisson.

# Financiers
# à la Pistache

Pour 4 personnes | Préparation 10 : min | Cuisson : 5 à 10 min

PP - PL

---

4 cuill. à soupe de son de blé
8 cuill. à soupe de son d'avoine
8 blancs d'œufs
1 pincée de sel
4 cuill. à soupe de fromage blanc à 0 % de MG
4 cuill. à soupe de Maïzena
4 cuill. à café d'arôme pistache
12 gouttes d'arôme beurre
12 gouttes d'arôme amande amère
6 cuill. à soupe d'Hermesetas en poudre
12 gouttes de colorant alimentaire vert (facultatif)

---

- Préchauffez le four à 180 °C (therm. 6).
- Séparez les blancs des jaunes des 8 œufs pour récupérer les blancs et montez-les en neige en ajoutant 1 pincée de sel.
- Dans un saladier, mélangez les sons, le fromage blanc, la Maïzena, les arômes et l'Hermesetas (et éventuellement le colorant alimentaire).
- Incorporez doucement les blancs dans cette préparation.
- Versez la préparation dans un moule à petits financiers en silicone.
- Enfournez 5 à 10 min à 150 °C (therm. 5). Surveillez la cuisson.

# Muffins

Pour 6 personnes | Préparation 10 : min | Cuisson : 30 min

PP - PL

---

4 œufs
12 cuill. à soupe de son d'avoine
4 cuill. à soupe de fromage blanc à 0 % de MG
1 cuill. à soupe d'Hermesetas liquide
½ sachet de levure
Parfum au choix :
zestes d'un citron non traité (PL uniquement),
cannelle (1 cuill. à café), café (1 cuill. à soupe),
cacao dégraissé (4 cuill. à café),
arôme pistache, arôme orange...
(1 cuill. à soupe)

---

- Préchauffez le four à 180 °C (therm. 6).
- Séparez les blancs des jaunes des 4 œufs.
- Montez les blancs d'œufs en neige.
- Mélangez les autres ingrédients :
  jaunes d'œufs, son d'avoine, fromage blanc,
  levure, édulcorant, puis incorporez les blancs
  battus en neige dans cette préparation.
  Ajoutez l'ingrédient du parfum ou l'arôme
  choisi.
- Versez dans des moules en silicone
  pour muffins et passez au four à 180 °C
  (therm.6) pendant 20 à 30 min en surveillant
  bien la cuisson.

# Muffins
# à la Courge

Pour 6 personnes | Préparation 30 : min | Cuisson : 40 min

PL

9 cuill. à soupe de son d'avoine
1 sachet de levure chimique
200 g de courge
Muscade
3 cuill. à soupe de lait écrémé en poudre
6 cuill. à soupe rases d'édulcorant Splenda
1 bonne pincée de cannelle en poudre
4 cuill. à soupe de fromage blanc à 0 % de MG
4 œufs
2 cuill. à café d'arôme rhum

- ◼ Préchauffez le four à 240 °C (therm. 8),
  en prenant soin d'enlever la grille.

- ◼ Dans un saladier, mélangez les sons, la levure
  chimique, le Splenda, le lait écrémé en
  poudre, la cannelle, la courge et la muscade
  préalablement râpée. Remuez le tout,
  puis ajoutez le fromage blanc, les œufs
  et l'arôme rhum. Mélangez bien.

- ◼ Répartissez le mélange dans des moules en
  silicone pour muffins. Placez la grille à mi-four
  et enfournez les moules à muffins. Faites cuire
  environ 30 à 40 min, à 180 °C (therm. 6)
  en surveillant la cuisson. Laissez bien refroidir
  avant de démouler.

# Palets
# Son d'Avoine

Pour 4 personnes | Préparation : 10 min | Cuisson : 15 min

**PP - PL**

---

8 œufs
1 cuill. à café d'Hermesetas liquide
8 cuill. à soupe de son d'avoine
8 cuill. à soupe de fromage blanc à 0 % de MG
1 cuill. à soupe d'arôme vanille
10 gouttes d'arôme beurre

---

- Séparez les blancs des jaunes
  des 8 œufs.
- Mélangez les jaunes d'œufs,
  l'arôme vanille, l'arôme beurre,
  l'édulcorant liquide, le fromage blanc
  et le son d'avoine.
- Montez les blancs en neige et
  incorporez-les doucement au mélange.
- Versez dans un moule à macaron
  en silicone.
- Faites cuire 15 min au four à 150 °C
  (therm. 5) en surveillant bien la cuisson.

# Meringues Moka

Pour 12 meringues environ | Préparation : 10 min

Cuisson : 15 min

PP - PL

---

3 blancs d'œufs
1 pincée de sel
6 cuill. à soupe de Splenda
2 cuill. à café de cacao sans sucre dégraissé
2 cuill. à soupe de café très fort

---

- Battez les blancs d'œufs en neige très fermes en ajoutant 1 pincée de sel.
- Ajoutez en pluie l'édulcorant en poudre additionné du cacao, puis le café. Continuez de battre environ 30 secondes.
- Répartissez en petits tas réguliers sur une plaque.
- Enfournez à 150 °C (therm. 5) pendant 15 à 20 min en surveillant bien la cuisson.

# Spéculoos

Pour 2 personnes | Préparation : 15 min | Cuisson : 20 min

PP - PL

---

6 cuill. à soupe de son d'avoine
2 œufs
2 cuill. à soupe bombées de Splenda
2 cuill. à soupe de Maïzena
40 gouttes d'arôme spéculoos

---

- Faites préchauffer votre four
  à 180 °C (therm. 6).
- Mixez tous les ingrédients
  et déposez la pâte en forme
  de langue de chat sur du papier
  sulfurisé, de préférence à l'aide
  d'une poche à douille.
- Enfournez 20 min à 180 °C
  en surveillant bien la cuisson,
  et laissez refroidir dans le four,
  porte fermée.

# Rochers Noix de Coco

Pour 4 personnes | Préparation : 10 min | Cuisson : 15 min

**PP - PL**

---

8 cuill. à soupe de son d'avoine
4 cuill. à soupe de son de blé
2 cuill. à café d'Hermesetas liquide
30 gouttes d'arôme noix de coco
8 œufs
1 pincée de sel

---

- Séparez les blancs des jaunes des 8 œufs.
- Mélangez les sons, l'arôme, l'édulcorant et les jaunes d'œufs.
- Montez les blancs en neige en ajoutant 1 pincée de sel.
- Ajoutez peu à peu les blancs d'œufs jusqu'à obtenir une consistance assez compacte.
- Formez 4 rochers, et faites cuire 15 min à 210 °C (therm. 7) en surveillant bien la cuisson.

# Macarons Noisette

Pour 4 personnes | Préparation : 5 min | Cuisson : 15 min

**PP - PL**

---

4 blancs d'œufs
1 pincée de sel
4 cuill. à soupe de Splenda
8 cuill. à soupe de son d'avoine
1 cuill. à café d'arôme noisette

---

- Faites préchauffer votre four à 150 °C (therm. 6).
- Dans un saladier, cassez les œufs et séparez les blancs des jaunes. Montez les blancs en neige bien fermes en ajoutant 1 pincée de sel.
- Dans un autre saladier, mélangez l'arôme noisette, l'édulcorant Splenda et le son d'avoine. Incorporez délicatement les blancs en neige à cette préparation. Remplissez une poche à douille et formez des petits tas ronds bien réguliers sur une plaque de four recouverte de papier sulfurisé.
- Saupoudrez de son d'avoine avant d'enfourner. Passez au four pendant 15 min à 150 °C en surveillant bien la cuisson.

# Biscuits
# Amaretti

Pour 4 personnes | Préparation : 15 min | Cuisson : 20 min

PP - PL

---

1 blanc d'œuf
1 pincée de sel
8 cuill. à soupe de son d'avoine
6 cuill. à soupe de Splenda
2 cuill. à café d'arôme amande amère
(selon votre goût)

---

- Préchauffez le four à 200 °C (therm. 6-7).

- Battez le blanc d'œuf en neige très ferme, ajoutez 1 pincée de sel et incorporez, tout en continuant à battre, 6 cuillères à soupe d'édulcorant en poudre jusqu'à former une sorte de pâte à meringue épaisse et collante.

- Ajoutez les 8 cuillères à soupe de son d'avoine dans le blanc d'œuf et mélangez.

- Incorporez ensuite l'arôme et mélangez bien.

- Façonnez 8 petites boules d'environ 3 cm de diamètre en vous aidant de deux cuillères à soupe et disposez sur une plaque recouverte de papier sulfurisé.

- Enfournez pendant 20 min à même température, en surveillant bien la cuisson afin que les biscuits soient croustillants à l'extérieur et moelleux à l'intérieur. Laissez refroidir.

# Far
# à l'Orange

Pour 4 personnes | Préparation : 10 min | Cuisson : 30 min

**PP - PL**

8 cuill. à soupe de fromage blanc à 0 % de MG
2 œufs
3 cuill. à soupe d'édulcorant Splenda
6 cuill. à soupe rases de Maïzena
½ sachet de levure chimique
1 cuill. à soupe de fleur d'oranger
Le zeste d'1 orange (non traitée de préférence)
4 cuill. à soupe de lait en poudre écrémé

- Mélangez la totalité des ingrédients en tournant bien afin d'obtenir une pâte la plus lisse possible.
- Versez dans un moule à far.
- Mettez au four à 160 °C (therm. 5) pendant 30 min en surveillant bien la cuisson.

# Roulé Café Noisette

Pour 4 personnes | Préparation : 20 min | Cuisson : 20 min

**PP - PL**

---

3 œufs entiers
2 blancs d'œufs
2 pincées de sel
8 cuill. à soupe de Maïzena
4 cuill. à soupe de Splenda
10 gouttes d'arôme vanille
2 cuill. à café de Nescafé
10 gouttes d'arôme noisette
2 petits-suisses à 0 % de MG

---

■ **Pour le biscuit :** Préchauffez votre four à 180 °C (therm. 6). Séparez les blancs des jaunes des 3 œufs. Battez les 3 jaunes avec 8 cuillères à soupe de Maïzena et ajoutez l'arôme vanille. Dans un saladier, battez les 3 blancs en neige en y ajoutant 1 pincée de sel et 2 cuillères à soupe de Splenda. Ajoutez délicatement ces blancs montés à la première préparation. Étalez la préparation obtenue dans un plat rectangulaire allant au four et faites cuire 15 à 20 min à 180 °C, en surveillant la cuisson.

■ **Pour la garniture :** Montez les blancs en neige, avec 1 pincée de sel. Mélangez dans un bol les 2 petits-suisses, 2 cuillères à soupe de Splenda et ajoutez les 2 cuillères de café en poudre et les 10 gouttes d'arôme noisette. Incorporez délicatement les blancs d'œufs. Lorsque le biscuit est cuit, nappez-le de la garniture et roulez délicatement. Mettez au frais.

# Génoise
# Légère

Pour 2 personnes | Préparation : 10 min | Cuisson : 20 min

**PP - PL**

---

4 œufs
4 cuill. à soupe de Splenda
Le zeste d'1 citron
40 g de Maïzena

---

- ■ Préchauffez le four à 180 °C (therm. 6).
- ■ Séparez les blancs des jaunes des 4 œufs.
- ■ Montez les blancs d'œufs en neige.
- ■ Mélangez les jaunes d'œufs et le Splenda puis ajoutez le zeste de citron et la Maïzena. Mélangez délicatement avec les blancs en neige.
- ■ Versez dans un moule tapissé de papier sulfurisé et faites cuire pendant 20 min à 180 °C, jusqu'à ce que le gâteau soit doré en surveillant bien la cuisson.

# Pain d'Épices

Pour 4 personnes | Préparation : 10 min | Cuisson : 45 min

**PP - PL**

---

8 cuill. à soupe de son d'avoine
4 cuill. à soupe de son de blé
3 cuill. à soupe de lait en poudre écrémé
6 cuill. à soupe de fromage blanc à 0 % de MG
3 œufs entiers
3 blancs d'œufs
1 sachet de levure chimique
1 cuill. et ½ d'Hermesetas liquide
20 gouttes d'arôme pain d'épices ou 2 cuill.
à soupe de mélange d'épices
pour pain d'épices
(cannelle, anis, muscade, gingembre, girofle)

---

- Préchauffez votre four à 180° C (therm. 6).

- Dans un saladier, mélangez les sons, le lait en poudre et la levure. Ajoutez le fromage blanc en remuant bien, puis ajoutez les œufs entiers et les 3 blancs d'œufs. Remuez jusqu'à obtenir une préparation homogène. Incorporez les épices ou l'arôme et l'édulcorant. Versez dans un plat allant au four préalablement huilé à l'aide d'un papier absorbant.

- Faites cuire 45 min à 180 °C. Vérifiez la cuisson en piquant la pointe d'un couteau : elle doit ressortir sèche.

# Gâteau au Yaourt

Pour 2 personnes | Préparation : 15 min | Cuisson : 35 min

**PP - PL**

---

4 cuill. à soupe de son d'avoine
5 œufs
1 yaourt nature (ou aromatisé) à 0 % de MG
6 cuill. à soupe de lait écrémé en poudre
2 cuill. à soupe de Splenda
1 sachet de levure
Arôme (noisette, vanille, fleur d'oranger
ou tout autre selon le goût)

---

- Préchauffez votre four à 200 °C (therm. 6/7).
- Mixez les sons le plus finement possible, puis mélangez tous les ingrédients entre eux.
- Disposez la préparation dans un moule à cake et faites cuire 35 min à 180 °C (therm. 6).

# Carrot Cake

Pour 2 personnes | Préparation : 25 min | Cuisson : 45 min

**PL**

---

250 g de carottes
4 cuill. à soupe de son d'avoine
3 œufs
2 cuill. à café d'Hermesetas liquide
1 cuill. à café de cannelle
1 cuill. à café de levure
1 cuill. à café d'arôme rhum
Le zeste d'1 citron

---

- Préchauffez le four à 180 °C (therm. 6).
- Séparez les blancs des jaunes des 3 œufs.
- Dans un saladier, mélangez les jaunes d'œufs et l'édulcorant.
- Ajoutez la cannelle, l'arôme rhum, le son d'avoine, la levure, puis les carottes râpées très finement et le zeste de citron.
- Battez les blancs d'œufs en neige bien ferme, et ajoutez ces blancs à la préparation en mélangeant délicatement. Il faut obtenir quelque chose d'assez liquide.
- Mettez la préparation dans un moule à cake assez grand, et enfournez 45 min à 180 °C, en surveillant très régulièrement.

# Excellentissime

Pour 2 personnes | Préparation : 10 min | Cuisson : 30 min

**PP - PL**

6 cuill. à soupe de son d'avoine
5 œufs
3 cuill. à soupe de fromage blanc à 0 % de MG
6 cuill. à soupe de lait écrémé en poudre
2 cuill. à soupe de Splenda
1 sachet de levure
4 cuill. à café de cacao sans sucre dégraissé
10 gouttes d'arôme amande amère
10 gouttes d'arôme noisette

- Préchauffez votre four à 210 °C (therm. 7).
- Mélangez bien tous les ingrédients.
- Versez dans un moule à cake et placez au four environ 30 min à 200 °C (therm. 6/7).

# Marbré chocolat-poire sans son

Pour 2 personnes | Préparation : 10 min | Cuisson : 45 min

**PP - PL**

---

6 œufs
6 cuill. à soupe de Splenda
20 gouttes d'arôme beurre fondu
10 cuill. à soupe de fromage blanc à 0 % de MG
2 cuill. à soupe de Maïzena
2 cuill. à café de levure chimique
2 doses de poudre de Protifar ou Nesvital
20 gouttes d'arôme poire
2 cuill. à café de cacao dégraissé

---

- Préchauffez votre four à 180 °C (therm. 6).
- Dans un saladier, séparez les jaunes des blancs d'œufs.
- Mélangez les jaunes avec le Splenda, l'arôme beurre fondu et le fromage blanc.
- Ajoutez la Maïzena, la levure chimique et le Protifar (ou Nesvital).
- Dans un autre saladier, montez les blancs en neige bien ferme en ajoutant 1 pincée de sel, puis incorporez-les délicatement au mélange.
- Séparez la pâte dans les deux saladiers différents. Dans le premier, ajoutez le cacao dégraissé et dans l'autre l'arôme poire.
- Placez les pâtes dans un moule en silicone en les alternant pour donner un effet marbré.
- Placez le moule au four et faites cuire 45 min à 180 °C en surveillant bien la cuisson.

# Brioches aux Deux Sons et à la Fleur d'Oranger

Pour 2 personnes | Préparation : 15 min

Cuisson : 10 à 15 min

PP - PL

---

4 cuill. à soupe de Maïzena
4 cuill. à soupe de son d'avoine
2 cuill. à soupe de son de blé
1 sachet de levure chimique
4 œufs
4 cuill. à soupe de Splenda
8 cuill. à soupe de fromage blanc à 0 % de MG
10 gouttes d'arôme beurre
1 cuill. à soupe d'eau de fleur d'oranger

---

- Préchauffez votre four à 180 °C (therm. 6).

- Mixez les sons d'avoine et de blé
  le plus finement possible.

- Mélangez la Maïzena, les sons d'avoine
  et de blé et la levure chimique.
  Ajoutez les œufs avec l'édulcorant,
  le fromage blanc, l'arôme beurre
  et la fleur d'oranger. Mélangez bien
  le tout.

- Versez dans des moules à brioche
  en silicone et placez au four à 180 °C
  pendant 10 à 15 min en surveillant bien
  la cuisson. Laissez refroidir la porte fermée.

# Folie Blanche

Pour 2 personnes | Préparation : 30 min

Réfrigération : 2 h minimum

**PP - PL**

---

Le jus de 4 citrons
Le zeste d'1 citron non traité
2 feuilles de gélatine
100 g de fromage blanc à 0 % de MG
2 cuill. à soupe de Stevia cristallisée
2 blancs d'œufs
1 pincée de sel

---

- Pressez les 4 citrons et râpez le zeste d'1 citron.
- Faites tremper la gélatine dans l'eau froide.
- Chauffez le jus des citrons dans une petite casserole et ajoutez la gélatine égouttée ainsi que le fromage blanc et l'édulcorant.
- Battez les blancs d'œufs en neige en ajoutant 1 pincée de sel et incorporez-les délicatement au mélange.
- Versez dans un moule à bavarois et mettez dans le réfrigérateur pendant 2 h minimum.

# Bavarois Pralillé

Pour 4 personnes | Préparation : 20 min

Réfrigération : 2 h minimum

**PP - PL**

---

4 feuilles de gélatine
6 sticks de Canderel vanille
1 cuill. à café d'arôme Vanille
4 blancs d'œufs
400 g de fromage blanc à 0 % de MG
40 gouttes d'arôme noisette
1 pincée de sel

---

- Faites tremper la gélatine dans l'eau froide.
- Chauffez un fond d'eau dans une petite casserole, ajoutez l'arôme vanille puis la gélatine. Faites fondre et retirez du feu. Ajoutez le Canderel vanille.
- Battez les blancs d'œufs en neige en ajoutant 1 pincée de sel et versez-y ensuite le sirop de gélatine sans cesser de fouetter. Ajoutez le fromage blanc puis l'arôme noisette.
- Versez dans un moule à bavarois et mettez dans le réfrigérateur pendant 2 h minimum.

# Tarte
# à la Vanille

Pour 4 personnes | Préparation : 10 min | Cuisson : 40 min

**PP - PL**

---

6 cuill. à soupe de son d'avoine
6 cuill. à soupe de fromage blanc à 0 % de MG
6 œufs
1 yaourt aromatisé à la vanille à 0 % de MG
sans sucre (Sveltesse)
1 cuill. à soupe d'arôme vanille
2 cuill. à soupe d'eau de fleur d'oranger
2 cuill. à café d'Hermesetas liquide

---

- Préchauffez le four à 210 °C
  (therm. 7).

- Dans un grand saladier,
  mélangez bien tous
  les ingrédients. Versez dans
  un moule à tarte en silicone.

- Enfournez pendant 40 min
  à 210 °C en surveillant bien
  la cuisson.

# Tarte au Citron Meringuée

Pour 4 personnes | Préparation : 15 min | Cuisson : 35 min

**PP - PL**

---

**Pour un fond base de galette**
4 cuill. à soupe de son
d'avoine
2 cuill. à soupe de son de blé
2 blancs d'œufs
1 cuill. à soupe de Splenda
4 cuill. à soupe de fromage
blanc à 0 % de MG

**Pour la garniture**
Quelques tranchettes
de citron vert
2 petits verres d'eau
8 cuill. à soupe de Splenda
2 cuill. à café d'arôme tarte
citron meringuée
2 cuill. à soupe de Maïzena
4 œufs entiers
2 blancs d'œufs
1 pincée de sel

---

- Préchauffez votre four à 210 °C (therm. 7).
- Montez les 2 blancs d'œufs en neige.
- Mixez tous les ingrédients pour la galette et tapissez le fond d'un moule à tarte de ce mélange.
- Faites précuire le fond de tarte pendant 5 à 10 min à la même température.
- Dans une casserole, faites chauffer l'eau.
- Dans un saladier, mélangez les 4 œufs entiers, la Maïzena, 7 cuillères à soupe de Splenda et l'arôme tarte citron meringuée.
- Versez ce mélange dans la casserole et faites cuire à feu doux. Remuez doucement jusqu'à épaississement. Versez sur le fond de tarte.
- Passez au four pendant 20 min à 180 °C (therm. 6). Sortez la tarte du four et laissez-la refroidir.
- Dans un saladier, montez les 2 blancs en neige bien ferme en ajoutant 1 pincée de sel et 1 cuillère à soupe de Splenda. Décorez avec les blancs d'œufs le dessus de la tarte à l'aide d'une poche à douille.
- Repassez au four pendant 10 min jusqu'à ce que le dessus soit doré.
- Décorez de tranchettes de citron vert.

# Tartelettes aux Trois Chocolats sans Son

Pour 4 personnes | Préparation : 15 min | Cuisson : 35 min

**PP - PL**

---

**Pour le fond de tartelette**
3 œufs
1 cuill. à café d'Hermesetas
1 cuill. à soupe de Maïzena
10 gouttes d'arôme
chocolat noir

**Pour la garniture**
7 cuill. à soupe de lait
écrémé en poudre

1 cuill. à soupe de cacao
dégraissé
4 sticks de Canderel vanille
1œuf et ½
4 cuill. à soupe de lait
écrémé liquide
5 gouttes d'arôme noisette
5 gouttes d'arôme chocolat
blanc

- **Pour le fond de tartelette :** Préchauffez votre four à 150 °C. Dans un saladier, cassez les œufs pour séparer les blancs des jaunes. Montez les blancs en neige bien fermes, en ajoutant 1 pincée de sel. Ajoutez l'Hermesetas et continuez à battre quelques min les blancs d'œufs. Dans un autre saladier, mélangez les 3 jaunes d'œufs avec la Maïzena. Ajoutez l'arôme chocolat noir et mélangez énergiquement avec les jaunes. Incorporez doucement les blancs dans cette préparation. Étalez délicatement cette préparation sur une plaque à pâtisserie carrée, sur une surface qui vous permette de remplir quatre petits moules à tartelette. Passez au four pendant 10 min en surveillant la cuisson, afin que le fond de tartelette ne soit pas trop cuit mais plutôt « précuit ». À la sortie du four, posez le fond de tartelette sur votre plan de travail et découpez des fonds de pâte à la dimension d'un petit moule à tartelette. Déposez dans les moules à tartelette et passez à la préparation de la garniture.

- **Pour la garniture :** Dans un bol, mélangez 5 cuillères à soupe de lait écrémé en poudre, 1 cuillère à soupe de cacao dégraissé, 3 sticks de Canderel vanille, 1 jaune d'œuf, 5 gouttes d'arôme noisette et 2 cuillères à soupe de lait écrémé. Battez énergiquement au fouet et réservez. Dans un autre récipient, mélangez 2 cuillères à soupe de lait écrémé en poudre finement mixé, 1 stick de Canderel vanille, ½ jaune d'œuf, 5 gouttes d'arôme chocolat blanc et 1 cuillère à soupe de lait écrémé. Battez fort énergiquement et réservez. Versez la préparation au cacao dégraissé noisette dans les fonds de tartelette, puis versez quelques gouttes de la préparation au chocolat blanc par-dessus. À l'aide d'un pic en bois, mélangez les deux préparations pour faire un joli motif. Placez les tartelettes au frais pendant 2 h minimum.

# Tarte Marron-Chocolat

Pour 4 personnes | Préparation : 15 min | Cuisson : 20 min

**PP - PL**

**Pour le fond de tarte sucré**
6 cuill. à soupe
de son d'avoine
2 œufs
2 cuill. à soupe de fromage
blanc à 0 % de MG
1 cuill. à café d'arôme vanille

**Pour la préparation**
4 cuill. à café de cacao
dégraissé sans sucre
4 œufs
1 cuill. à café d'Hermesetas
1 cuill. à café d'arôme
marron glacé
4 cuill. à soupe de crème
fraîche légère à 3 % de MG

- Préchauffez le four à 240 °C (therm. 8).
- Dans un saladier, mélangez tous
  les ingrédients pour préparer le fond de tarte.
- Versez la préparation dans un moule à tarte
  en silicone puis enfournez environ 10 min en
  surveillant la cuisson afin que le fond de tarte
  ne soit pas trop cuit mais « précuit »
- Pour la préparation, mélangez tous
  les ingrédients dans un saladier et battez
  énergiquement afin d'obtenir une pâte
  bien lisse.
- Retirez le fond de tarte du four et versez la
  préparation. Replacez au four environ 10 min
  à la même température en surveillant.

# Tartelettes à la Fraise

Pour 4 personnes | Préparation : 15 min | Cuisson : 15 min

Réfrigération : 2 h minimum

**PP - PL**

**Pour les fonds de tartelette**
2 cuill. à soupe
de son d'avoine
6 doses de poudre
de Protifar ou Nesvital
1 blanc d'œuf
2 petits-suisses à 0 % de MG
2 cuill. à soupe de Splenda

**Pour la crème fraise**
2 jaunes d'œufs
2 cuill. à soupe de Splenda
1 cuill. à soupe de poudre
de Protifar ou Nestival
15 cl de lait écrémé
25 gouttes d'arôme tarte
aux fraises

■ **Pour les fonds de tartelette :** Préchauffez le four
à 180 °C (therm. 6). Préparez la pâte : mélangez
le son d'avoine, les protéines en poudre, le blanc
d'œuf, les petits-suisses et l'édulcorant Splenda.
Étalez la pâte et garnissez les moules à tartelette.
Mettez au four à 180 °C pendant 15 min
en surveillant la cuisson.

■ **Pour la crème :** Mélangez les jaunes d'œufs,
l'édulcorant Splenda et les protéines en poudre.
Faites chauffer le lait et l'arôme quelques minutes,
puis ajoutez-y le mélange. Laissez sur le feu,
à feu doux, en remuant jusqu'à épaississement.
Répartissez la crème sur les fonds de tartelettes
cuites et passez au réfrigérateur au moins 2 h
avant de servir.

# Gâteau au Fromage Blanc

Pour 4 personnes | Préparation : 10 min | Cuisson : 30 min

PP - PL

---

125 g de fromage blanc à 0 % MG
2 cuill. à soupe de Maïzena
½ sachet de levure chimique
Le zeste râpé d'1 citron non traité
2 cuill. à café d'Hermesetas
2 jaunes d'œufs
4 blancs d'œufs
1 pincée de sel

---

- Mélangez tous les ingrédients
  à l'exception des blancs d'œufs.
- Dans un saladier, montez les blancs
  d'œufs bien ferme et ajoutez 1 pincée
  de sel.
- Incorporez progressivement
  à la préparation les 4 blancs d'œufs
  battus en neige.
- Versez dans un moule allant au four
  et faites cuire pendant 30 min au four
  à 200 °C (therm. 6-7).
- Réservez quelques heures
  au réfrigérateur afin de le déguster frais.

# Petits Cheese-Cakes Pistache-Griotte

Pour 4 personnes | Préparation : 30 min

Cuisson : 60 min

PP - PL

**Pour les bases de biscuit**
4 cuill. à soupe de son d'avoine
2 cuill. à soupe de son de blé
10 gouttes d'arôme vanille
1 cuill. à soupe de Splenda
2 jaunes d'œufs
2 cuill. à soupe de lait écrémé

**Pour le cheese-cake**
2 œufs
2 cuill. à café d'Hermesetas liquide
1 cuill. à café d'arôme pistache
1 cuill. soupe de Maïzena
2 g d'agar-agar

500 g de fromage blanc à 0 % de MG
1 pincée de sel
**Pour la gelée de griottes**
20 cl d'eau
2 g d'agar-agar
1 ½ cuill. à café d'Hermesetas liquide
1 cuill. à café d'arôme cerise-griotte

- **Pour les bases de biscuit** : Préchauffez le four à 180 °C (therm. 6). Séparez les blancs des jaunes des 2 œufs. Dans un saladier, mélangez le son d'avoine, le son de blé, l'arôme vanille et le Splenda. Ajoutez les jaunes d'œufs, mélangez, puis versez le lait tout en continuant à remuer la préparation. Versez dans des ramequins individuels et faites cuire 15 min en surveillant la cuisson.

- **Pour le cheese-cake :** Cassez les œufs dans un saladier en séparant les blancs des jaunes. Dans un autre petit saladier, mélangez énergiquement les jaunes avec l'Hermesetas, l'arôme pistache, la Maïzena et l'agar-agar. Ajoutez le fromage blanc. Montez les blancs en neige bien ferme et ajoutez 1 pincée de sel avant de les incorporer délicatement à la préparation. Versez sur les bases de biscuit déjà précuites. Passez les ramequins au four pendant 40 min à 180 °C (therm. 6) en surveillant bien la cuisson. À la sortie du four, laissez refroidir puis placez au frais pendant au moins 4 h (ou de préférence toute la nuit).

- **Pour la gelée de griottes :** Mélangez l'ensemble des ingrédients dans une casserole et portez à ébullition. Versez sur les petits cheese-cakes et replacez au frais jusqu'à dégustation.

# Granité
# de Café
# à la Cannelle

Pour 2 personnes | Préparation : 10 min

Réfrigération : 1 h 15 min

PP - PL

---

50 cl de café noir chaud
4 sticks de Canderel vanille
1 cuill. à café de cannelle en poudre
3 grains de cardamome

---

- Mélangez le café chaud,
  l'édulcorant et les épices.
  Remuez et laissez refroidir.
- Versez dans une assiette creuse et
  placez au congélateur environ 1 h.
- À la sortie du congélateur, mixez
  la préparation pendant 1 min.
  Versez dans deux grands verres
  et réservez encore environ 15 min
  au réfrigérateur.

# Glace à l'Italienne à la Fraise

Pour 2 personnes | Préparation : 15 min

Congélation : 2 h 30 min minimum

PP - PL

---

3 œufs
1 pincée de sel
3 petits-suisses à 0 % de MG
4 cuill. à soupe de fromage blanc à 0 % de MG
2 cuill. à soupe de crème fraîche liquide
à 3 % de MG
1 cuill. à café de Stevia cristallisée
1 cuill. à café d'arôme fraise
(peut-être remplacé par tout autre arôme)

---

- Cassez les œufs dans un saladier en séparant les blancs des jaunes. Montez les blancs en neige fermes en ajoutant 1 pincée de sel.

- Dans un récipient, mélangez les petits-suisses, le fromage blanc, la crème fraîche allégée, la Stevia cristallisée, l'arôme fraise et les jaunes d'œufs.

- Incorporez les blancs d'œufs à cette préparation. Goûtez pour vérifier si la préparation est assez sucrée à votre goût. Mettez au congélateur pendant 2 h 30 min minimum dans deux belles coupes.

# Esquimaux
# à la Vanille

Pour 4 personnes | Préparation : 10 min

Réfrigération : une nuit

PP - PL

---

300 g de fromage blanc à 0 % de MG
4 sticks d'édulcorant Canderel vanille
2 cuill. à café d'arôme vanille
4 étuis à esquimau en plastique,
avec bâtonnets

---

- Mélangez le fromage blanc avec l'arôme vanille.
- Ajoutez l'édulcorant, puis battez la préparation au batteur électrique.
- Remplissez les étuis à esquimau et mettez au congélateur pendant 1 nuit.
- Dégustez le lendemain.

# Glace Sabayon sans sorbetière

Pour 4 personnes | Préparation : 15 min

Congélation : une nuit

PP - PL

---

3 œufs
4 cuill. à soupe de Canderel
1 cuill. à soupe d'arôme vanille
1 cuill. à soupe de fleur d'oranger
1 cuill. à soupe d'huile de paraffine

---

- Placez des petits ramequins individuels au congélateur pour qu'ils gèlent.
- Séparez les blancs des jaunes d'œufs. Montez les blancs en neige.
- Dans un saladier, mélangez les jaunes avec la fleur d'oranger, l'arôme vanille et le Canderel jusqu'à ce que le mélange devienne mousseux. Ajoutez l'huile de paraffine en filet et montez comme une mayonnaise sucrée.
- Incorporez ensuite délicatement les blancs à la préparation, puis disposez dans les ramequins individuels. Goûtez pour vérifier si la préparation est assez édulcorée. Placez 1 nuit au congélateur.

# Granité de Thé au Jasmin

Pour 4 personnes | Préparation : 5 min | Cuisson : 10 min

Congélation : 2 h

PP - PL

40 dl d'eau
2 cuill. à café de Stevia cristallisée
Le zeste d'1 citron non traité
1 cuill. à soupe de thé au jasmin

- ■ Faites chauffer l'eau et le zeste du citron jusqu'à ébullition. Ajoutez le thé et laissez infuser 8 min.
- ■ Passez au chinois, ajoutez l'édulcorant. Goûtez pour vérifier si cela est assez édulcoré et placez au congélateur.
- ■ Au bout d'1 h, mélangez bien l'infusion et la glace qui commence à se former. Remettez au congélateur jusqu'à formation du granité (soit encore 1 h environ).
- ■ Dressez dans des verrines à l'aide d'une fourchette (le granité se présente sous forme d'un bloc friable plus facile à séparer avec une fourchette).

# Sorbet aux Deux Citrons à la sorbetière

Pour 4 personnes | Préparation : 10 min

Réfrigération : 4 h

PP - PL

---

2 citrons verts non traités
2 citrons jaunes non traités
500 g de fromage blanc à 0 % de MG
3 cuill. à café de Stevia cristallisée

---

- Mixez le zeste d'1 citron vert.
  Ajoutez dans le mixeur
  le fromage blanc, le jus des
  autres citrons (verts et jaunes)
  et la Stevia cristallisée.

- Réservez au réfrigérateur
  pendant 4 h et passez
  en sorbetière durant 5 min.

# Sorbet Coco des Antilles à la sorbetière

Pour 4 personnes | Préparation : 20 min

Sorbetière : 30 min

PP - PL

---

3 jaunes d'œufs
1 cuill. à soupe d'Hermesetas liquide
1 cuill. à café de cannelle en poudre
1 pincée de noix de muscade
Le zeste d'1 citron non traité
1 cuill. à café de fleur d'oranger
5 gouttes d'arôme beurre
1 cuill. à café d'arôme coco
10 gouttes d'arôme rhum
3 cuill. à soupe de fromage blanc à 0 % de MG
300 ml de lait écrémé
4 g d'agar-agar

---

◾ Dans un petit saladier, mélangez les jaunes d'œufs, l'Hermesetas, la cannelle, la noix de muscade, le zeste de citron, les arômes et la fleur d'oranger. Mélanger quelques min au batteur électrique.

◾ Partagez le lait en 2 portions. Ajoutez une des moitiés à la préparation, mélangez le tout et réservez.

◾ Prenez le reste de lait et faites-le bouillir dans une casserole. Ajoutez l'agar-agar lors de l'ébullition, et remuez. Laissez quelques minutes sur le feu en continuant à remuer puis ôtez du feu.

◾ Incorporez le lait chaud tout doucement, en petits filets et sans cesser de remuer dans le premier mélange. Versez dans votre sorbetière et laissez tourner 30 minutes environ, jusqu'à durcissement. Dégustez à la sortie de la sorbetière.

# Banana Split Moléculaire

Pour 4 personnes | Préparation : 35 mn

PP - PL

4 feuilles
de gélatine
5 cuill. à soupe
de fromage blanc
à 0 % de MG
2 cuill. à café
d'arôme banane
30 gouttes de
colorant jaune

3 cuill. à soupe de
Canderel
60 ml de lait
écrémé
1 cuill. à café
d'arôme vanille
1 cuill. à café
d'arôme fraise

4 cuill. à café de
cacao dégraissé
sans sucre
2 œufs
3 petits-suisses
à 0 % de MG
3 sticks de
Canderel vanille
Arôme noisette
1 pincée de sel

■ **La veille :** Faites tremper les feuilles de gélatine dans un bol d'eau froide. Dans un petit saladier, mélangez le fromage blanc, le colorant jaune, l'arôme banane et 3 cuillères à soupe de Canderel. Sortez la gélatine de l'eau froide et égouttez-la. Faites chauffer le lait écrémé dans une petite casserole et faites-y fondre les feuilles de gélatine essorées. Ajoutez la gélatine fondue dans le lait à la préparation banane. Faites prendre au réfrigérateur toute la nuit. Cassez 1 œuf et séparez le blanc du jaune. Montez 1 blanc en neige bien ferme en y ajoutant 1 pincée de sel. Mélangez les 2 petits-suisses avec 2 sticks de Canderel vanille et ajoutez-y le jaune d'œuf. Séparez en 2 cette préparation dans deux bacs pour congélation : dans l'une, ajoutez 1 cuillère à café d'arôme vanille et dans l'autre l'arôme fraise (facultatif : vous pouvez aussi ajouter du colorant rouge). Ajoutez le blanc monté en neige dans les deux préparations et faites prendre les glaces au congélateur.

■ **Avant de servir :** Cassez un œuf et séparez le blanc du jaune. Mélangez le jaune d'œuf avec le cacao, un stick de Canderel vanille et quelques gouttes d'arôme noisette. Montez 1 blanc d'œuf en neige bien ferme en ajoutant 1 pincée de sel et incorporez un petit-suisse édulcoré pour faire une Chantilly Dukan (cf. p.152).

■ **Pour servir :** Avec une « cuillère à melon », confectionnez des billes de gelée de banane et déposez-les dans le fond de la coupe. Continuez avec les deux parfums de glace, toujours en réalisant de petites billes. Ajoutez 1 cuillère à soupe de sauce chocolat et surmontez de Chantilly Dukan.

# Guimauves Dukan Violette & Tagada

Pour 2 personnes | Préparation : 15 min

Temps de réfrigération : 1 h minimum

**PP - PL**

---

8 feuilles de gélatine
6 blancs d'œufs
2 demi-verres d'eau
6 cuill. à soupe de Canderel en poudre
Arôme fraise Tagada
Arôme violette
1 pincée de sel

---

- Faites ramollir la gélatine dans un bol d'eau.
- Dans un saladier, battez les blancs d'œufs en neige très ferme, en ajoutant 1 pincée de sel. Partagez-les en 2 portions de blancs battus.
- Faites fondre la moitié de la gélatine dans une casserole avec 1 demi-verre d'eau.
- Ajoutez la moitié de l'édulcorant et l'arôme violette.
- Refaites la même opération avec l'arôme fraise Tagada.
- Tout en continuant de battre délicatement chaque mélange, incorporez les blancs d'œufs, petit à petit.
- Disposez chacune des préparations dans des petits moules rectangulaires (de préférence en silicone) et laissez prendre 1 h au réfrigérateur.

# Truffes

Pour 2 personnes | Préparation : 10 min | Réfrigération : 4 h

**PP - PL**

---

4 cuill. à café de cacao dégraissé sans sucre
+ un peu de poudre de cacao en plus
pour rouler les truffes
1 cuill. à soupe de petit-suisse à 0 % de MG
5 cuill. à soupe de lait écrémé en poudre
2 jaunes d'œufs
5 gouttes d'arôme beurre
3 cuill. à soupe de Canderel

---

- Mélangez les 4 cuillères à café du cacao dégraissé sans sucre avec la cuillère à soupe de petit-suisse jusqu'à obtenir la consistance d'une crème épaisse.
- Ajoutez les jaunes d'œufs, l'arôme beurre et le Canderel. Mélangez à nouveau. Ajoutez une à une les cuillères de lait écrémé en poudre pour durcir la préparation. Si vous n'arrivez pas à bien mélanger, ajoutez 1 cuillère d'eau pour bien former la pâte. Au cas où elle serait par contre trop liquide, ajoutez un peu de lait écrémé en poudre.
- Formez des petites boules à l'aide de petites cuillères et déposez ces boules sur une assiette garnie de papier sulfurisé.
- Laissez reposer au réfrigérateur 4 h minimum. Avant la dégustation, déposez un peu de cacao dégraissé dans une assiette pour y rouler les truffes et les envelopper de leur voile de cacao.

# Loukoums Dukan à la Pistache

Pour 2 personnes | Préparation : 10 min | Repos : une nuit

**PP - PL**

---

1 cuill. à café d'agar-agar bombée
2 cuill. à café d'Hermesetas liquide
20 cl d'eau
5 cl d'eau de rose
½ cuill. d'arôme pistache
Maïzena et Canderel en poudre pour le glaçage

---

- Mélangez l'agar-agar avec l'édulcorant, l'eau, l'eau de rose et l'arôme pistache dans une casserole. Portez la préparation à ébullition quelques min et éteignez.

- Versez la préparation dans des petits moules en silicone (de type moule à financiers).

- Laisser refroidir. Démoulez sur un plan de travail couvert de Maïzena. Coupez en cubes et laissez sécher toute la nuit.

- Le lendemain, placez les cubes dans une petite boîte en plastique préalablement remplie d'un mélange de Maïzena et de Canderel en poudre. Fermez puis secouez. Consommez rapidement pour éviter que les loukoums ne s'humidifient.

# Marshmallows à la Banane

Pour 4 personnes | Préparation : 15 min

Repos : 2 h au réfrigérateur + 24 h de séchage

**PP - PL**

---

4 cuill. à soupe de Splenda
80 cl d'eau
3 blancs d'œufs
1 pincée de sel
3 g d'agar-agar
½ cuill. à café d'arôme banane
Canderel en poudre

---

- Dans une casserole, chauffez l'eau en ajoutant l'édulcorant.

- Pendant ce temps, versez les 3 blancs d'œufs dans un saladier et battez-les en neige très ferme, en ajoutant 1 pincée de sel.

- Ajoutez dans la casserole l'agar-agar et l'arôme banane. Enlevez la casserole du feu.

- Reprenez les blancs d'œufs avec votre batteur et versez la préparation de la casserole sans cesser de battre. Le mélange doit continuer à augmenter de volume. Arrêtez de battre lorsque le mélange est tiède.

- Versez dans des petits moules rectangulaires à financiers (vous découperez ensuite des marshmallows) ou utilisez une poche à douille pour façonner des bandes que vous disposerez sur une plaque.

- Laissez prendre les marshmallows pendant 2 h au réfrigérateur, puis laissez-les sécher 24 h.

- Quand ils sont bien séchés, coupez-les en cubes. Placez-les dans une boîte en plastique dans du Canderel en poudre, fermez et agitez. Sortez-les et secouez-les dans une passoire pour enlever le surplus d'édulcorant.

# Barres Céréales Choco-Mandarine

Pour 4 personnes | Préparation : 15 min

Réfrigération : 1 h 30 minimum

**PP - PL**

---

8 cuill. à soupe de son d'avoine
7 cuill. à soupe de lait écrémé en poudre
6 cuill. à soupe de Canderel
4 cuill. à café de cacao dégraissé sans sucre
1 cuill. à soupe de fromage blanc à 0 % de MG
3 cuill. à soupe d'eau
2 cuill. à café d'arôme mandarine

---

- Dans un petit saladier, mélangez le son d'avoine, les 4 cuillères à soupe de lait en poudre, 3 cuillères à soupe de Canderel, 2 cuillères à soupe d'eau et l'arôme mandarine afin d'obtenir une pâte compacte et homogène.

- Tapissez une barquette plastique de forme rectangulaire avec du film alimentaire. Étalez-y la pâte de façon bien régulière. Réservez au congélateur ½ h minimum.

- Dans un bol, mélangez le cacao, les 3 cuillères à soupe de lait en poudre, 3 cuillères à soupe de Canderel, 1 cuillère à soupe de fromage blanc. Ajoutez 1 cuillère à soupe d'eau si nécessaire pour obtenir une crème semi-liquide.

- Versez cette crème par-dessus la pâte au son et remettez le tout au congélateur pendant au minimum 1 h.

- Une fois le tout durci, démoulez et découpez en 4 barres. Conservez au frais.

# Bonbons Violette et Cassis

Pour 4 personnes | Préparation : 5 min

Réfrigération : 3 h minimum

**PP - PL**

---

20 cl d'eau (minérale de préférence)
2 cuill. à soupe de Splenda
2 g d'agar-agar
Arôme violette
Arôme cassis
Colorant alimentaire (facultatif)

---

- Dans une petite casserole, faites chauffer la moitié de l'eau et portez-la à ébullition.
- Diluez la moitié de l'agar-agar, l'arôme violette, 1 cuillère de Splenda et le colorant alimentaire (si vous l'utilisez) pendant l'ébullition. Laissez sur le feu encore 1 min.
- Versez dans des moules à glaçons en silicone. Laissez refroidir au réfrigérateur pendant 3 h minimum. Démoulez. Saupoudrez d'édulcorant selon votre goût si nécessaire.
- Recommencez la même opération avec l'arôme cassis.
- Ces bonbons peuvent se réaliser avec tous les parfums d'arôme mais aussi au Coca-Cola light.

# Mousse Belle-Hélène au Tofu Soyeux

Pour 4 personnes | Préparation : 15 min

Réfrigération : 3 h minimum

PP - PL

---

300 g de tofu soyeux
8 Carrés frais à 0 % de MG
4 feuilles de gélatine
2 cuill. à café d'arôme poire
4 cuill. à café de cacao dégraissé
50 cl de lait écrémé
6 sticks de Canderel vanille

---

- Faites tremper les feuilles de gélatine dans un bol d'eau froide.
- Dans le bol d'un mixer, versez le tofu soyeux, les Carrés frais, l'arôme poire, le cacao dégraissé et environ 4/5 de la portion de lait. Mixez jusqu'à obtenir une préparation mousseuse.
- Faites chauffer le reste du lait dans une petite casserole et faites-y fondre les feuilles de gélatine préalablement égouttées. Ajoutez le lait avec la gélatine fondue dans le bol du mixer ainsi que le Canderel. Mélangez à nouveau.
- Versez dans 4 verrines et réservez au réfrigérateur pendant 3 h minimum.

# Mousse Lemon & Zest

Pour 4 personnes | Préparation : 20 min

Réfrigération : 2 h minimum

PP - PL

---

2 feuilles de gélatine
Le zeste d'un ½ citron non traité
1 cuill. à café d'arôme citron
1 œuf
4 cuill. à soupe de Canderel
250 g de fromage blanc à 0 % de MG
1 pincée de sel

---

- Faites tremper les feuilles de gélatine dans un bol d'eau froide.
- Râpez le zeste du ½ citron.
- Cassez l'œuf en séparant le blanc du jaune.
- Dans un saladier, mélangez au fouet le jaune d'œuf, 2 cuillères à soupe de Canderel, le zeste de citron râpé et 50 g de fromage blanc pour obtenir une préparation bien lisse.
- Versez la préparation dans une petite casserole et portez à feu doux. Faites chauffer 2 min, puis retirez du feu, ajoutez la gélatine soigneusement égouttée et pressée ainsi que l'arôme citron. Mélangez jusqu'à parfaite dissolution.
- Fouettez le reste du fromage blanc et ajoutez-le à la crème au citron.
- Montez le blanc d'œuf en neige ferme en ajoutant 1 pincée de sel, puis 2 cuillères à soupe de Canderel. Continuez à battre encore quelques minutes.
- Incorporez délicatement le blanc d'œuf monté à la crème au citron.
- Mettez au frais pendant 2 h minimum.

# Mousse Aérienne Marron Glacé

Pour 4 personnes | Préparation : 15 min

Réfrigération : 2 h minimum

PP - PL

---

200 g de tofu soyeux
4 œufs
1 pincée de sel
2 cuill. à café d'arôme marron glacé
6 sticks de Canderel vanille

---

- Dans un saladier, cassez les œufs pour séparer les blancs des jaunes.
- Montez les 4 œufs en neige bien ferme en ajoutant 1 pincée de sel.
- Dans un saladier, mélangez le tofu soyeux, les jaunes d'œufs, l'arôme marron glacé et le Canderel vanille jusqu'à obtenir une préparation la plus lisse possible.
- Incorporez les blancs d'œufs délicatement pour obtenir la mousse aérienne marron glacé et versez dans 4 verrines. Réservez au réfrigérateur pendant 2 h minimum.

# Mousse Moka Opéra

Pour 4 personnes | Préparation : 15 min

Réfrigération : 4 h minimum

PP - PL

---

4 œufs
1 pincée de sel
4 cuill. à café de Stevia cristallisée
2 petits-suisses à 0 % de MG
1 cuill. à soupe de café soluble
4 cuill. à soupe de cacao dégraissé sans sucre
4 cuill. à soupe de crème fraîche allégée
à 3 % de MG

---

- Dans un saladier, cassez les œufs pour séparer les blancs des jaunes.
- Montez les blancs en neige bien ferme, en ajoutant 1 pincée de sel.
- Dans une casserole, mélangez les jaunes d'œufs avec la Stevia cristallisée.
- Ajoutez la crème fraîche allégée et faites chauffer à feu doux sans faire bouillir.
- Quand la crème a bien épaissi, versez-la en la partageant dans deux petits saladiers. Dans l'un, ajoutez 2 petits-suisses ainsi que le café soluble et mélangez bien. Dans l'autre, ajoutez le cacao dégraissé et mélangez. Dans chaque saladier, incorporez délicatement la moitié des blancs d'œufs battus. Goûtez pour vérifier que les préparations sont assez sucrées à votre goût et rectifiez si nécessaire.
- Versez dans quatre verrines une première couche de mousse au café puis une seconde de mousse au cacao. Réservez au frais pendant 4 h minimum.

# Mousse Chocolat-Menthe

Pour 4 personnes | Préparation : 20 min

Réfrigération : 2 h minimum

PP - PL

---

4 œufs
8 cuill. à soupe de fromage blanc à 0 % de MG
4 cuill. à café de cacao sans sucre dégraissé
4 cuill. à soupe de lait écrémé en poudre
1 cuill. à café d'arôme menthe poivrée
4 cuill. à café de Stevia cristallisée
4 feuilles de menthe

---

- Dans un saladier, cassez les œufs et séparez les blancs des jaunes.

- Mélangez les jaunes d'œufs avec le fromage blanc, le cacao, le lait écrémé, l'arôme menthe poivrée et la Stevia.

- Montez les blancs en neige bien ferme en ajoutant 1 pincée de sel. Incorporez-les délicatement à la préparation.

- Versez dans quatre coupes, disposez une feuille de menthe en décoration et placez au frais 2 h minimum avant de servir.

# Flan aux Œufs

Pour 4 personnes | Préparation : 15 min | Cuisson : 30 min

PP - PL

---

6 œufs
½ litre de lait écrémé
1 gousse de vanille ou 2 cuill. d'arôme vanille
6 sticks de Canderel vanille
1 pincée de noix de muscade en poudre

---

- Dans un saladier, cassez les œufs et battez-les.
- Versez le lait dans une casserole et faites-le chauffer sans le faire bouillir avec 1 gousse de vanille (ou avec l'arôme) ainsi que la noix de muscade.
- Versez doucement le lait chaud sur les œufs. Ajoutez le Canderel vanille.
- Versez la préparation dans des ramequins et placez au four au bain-marie à 160 °C (therm. 5-6) pendant 30 min, en surveillant bien la cuisson à partir d'une vingtaine de minutes.

# Crème Caramel à l'Agar-Agar

Pour 4 personnes | Préparation : 15 min | Cuisson : 15 min

Réfrigération : 3 h minimum

PP - PL

---

1 l de lait écrémé
2 cuill. à café d'agar-agar
1 cuill. à café d'arôme caramel
8 cuill. à soupe de Canderel

---

- Dans une casserole, faites chauffer le lait jusqu'à ébullition.
- Ramenez la température du feu au minimum, ajoutez l'agar-agar et remuez.
- Éteignez le feu et ajoutez l'arôme caramel et le Canderel.
- Versez dans des coupes individuelles et laissez refroidir à température ambiante avant de placer au réfrigérateur au minimum 3 h.

# Crème Brûlée à la Vanille

Pour 4 personnes | Préparation : 15 min | Cuisson : 20 min

PP - PL

---

5 œufs
37,5 cl de lait écrémé
½ cuill. d'arôme crème brûlée
1 gousse de vanille
4 cuill. à soupe de Splenda
1 pincée de noix de muscade en poudre

---

- Dans un grand saladier, battez les œufs.
- Versez le lait dans une casserole et faites-le chauffer sans le faire bouillir avec 1 gousse de vanille et la ½ cuillère d'arôme crème brûlée.
- Versez doucement le lait chaud sur les œufs, puis ajoutez le Splenda et la pincée de noix de muscade en poudre.
- Versez la préparation dans des ramequins plats et placez au four à 160 °C (therm. 5-6) au bain-marie, en surveillant pendant 20 min, jusqu'à ce que la crème soit bien ferme. Laissez refroidir à la sortie du four pour servir tiède.

# Jelly de Fruits

Pour 4 personnes | Préparation : 10 min

Réfrigération : une nuit

PP - PL

---

4 tasses d'eau
8 feuilles de gélatine
Arôme de votre choix de préférence fruité
(cassis, citron, orange, clémentine, fraise,
framboise, fruit de la passion, amande amère…)
ou tisane fruitée
4 à 6 cuill. à soupe de Canderel en poudre
(en fonction de l'arôme choisi)

---

- Dans une casserole, chauffez de l'eau jusqu'à ébullition. Pendant ce temps, faites tremper les feuilles de gélatine dans un bol d'eau froide.

- Baissez le feu après ébullition, ajoutez l'arôme choisi, les feuilles de gélatine amollies et l'édulcorant en fonction de votre goût. Mélangez bien et versez dans un saladier ou mieux encore dans des petits moules individuels à muffins ou à cannelés.

- Laissez refroidir à température ambiante et réservez au réfrigérateur pendant 1 nuit.

# Crème
# aux Œufs

Pour 4 personnes | Préparation : 15 min | Cuisson : 30 min

PP - PL

---

500 ml de lait écrémé
4 cuill. à soupe de Splenda
2 œufs entiers
2 jaunes d'œufs
1 stick de Canderel vanille

---

- Faites préchauffer votre four
  à 220 °C (therm. 7).
- Versez le lait dans une casserole
  et faites-le frémir à feu moyen.
  Ajoutez l'édulcorant Splenda.
- Dans un saladier, mélangez les œufs
  entiers, les jaunes et le Canderel
  vanille.
- Versez doucement le lait bouillant
  sur cette préparation et mélangez.
  Répartissez dans des ramequins
  et enfournez-les pendant 30 min à
  même température.
- Servez chaud à la sortie du four ou
  froid, directement dans les ramequins.

# Crème Choc'Orangette

Pour 4 personnes | Préparation : 5 min | Cuisson : 20 min

PP - PL

40 cl de lait écrémé
4 pincées de cannelle en poudre
4 cuill. à café de cacao dégraissé
1 cuill. à café d'arôme orange
4 cuill. à soupe de Splenda
4 œufs

- Préchauffez votre four à 180 °C (therm. 6).
- Dans une casserole, versez le lait écrémé et la cannelle. Portez à ébullition. Ajoutez le cacao, l'arôme orange et l'édulcorant Splenda et laissez tiédir
- Dans un saladier, fouettez les œufs et incorporez doucement le lait tiédi.
- Versez le tout dans des ramequins et enfournez pour cuire au bain-marie pendant 20 min au four à 180 °C.
- À la sortie du four, servez tiède ou froid et versez un voile de cacao dégraissé sur les crèmes.

# Crème
# au Café

Pour 4 personnes | Préparation : 5 min | Cuisson : 20 min

PP - PL

---

60 cl de lait écrémé
1 cuillère à café d'extrait de café
(ou de café soluble)
3 œufs
4 cuill. à soupe de Canderel

---

- Dans une casserole, versez le lait écrémé et ajoutez l'extrait de café. Faites bouillir.
- Dans un saladier, battez les œufs avec le Canderel et incorporez le mélange lait et café, tout en remuant.
- Versez la préparation dans des ramequins et faites cuire dans un bain-marie au four pendant 20 min à 150 °C (therm. 5).
- Servez frais.

# Crème au Thé, Saveur Orange

Pour 4 personnes | Préparation : 10 min | Cuisson : 20 min

PP - PL

---

4 œufs
4 cuill. à soupe de Canderel
25 cl de lait
25 cl de thé Earl Grey
ou aromatisé orange bien fort
Le zeste de 2 oranges (non traitées de préférence)
1 cuill. à café d'arôme orange

---

- Préchauffez le four à 160°
  (therm. 5/6).
- Dans une casserole, mélangez
  les œufs, le Canderel, le lait,
  le thé, la moitié des zestes et l'arôme
  orange. Faites cuire à feu doux
  quelques instants sans cesser
  de remuer.
- Versez la préparation dans quatre
  ramequins, et faites cuire 20 min
  au bain-marie à 160 °C.
- À la sortie du four, laissez refroidir
  30 min, et décorez du reste de zestes
  au moment de servir.

# Flan Pâtissier à la Vanille

Pour 4 personnes | Préparation : 10 min | Cuisson : 50 min

PP - PL

---

½ litre de lait écrémé
2 cuill. à soupe d'arôme vanille
ou 1 gousse de vanille
2 œufs
6 sticks de Canderel vanille
4 cuill. à soupe de Maïzena

---

- ▨ Dans une casserole, versez le lait
  et faites-le chauffer avec l'arôme vanille
  (ou la gousse).
- ▨ Dans un saladier, cassez les œufs
  et battez-les. Ajoutez le Canderel vanille
  puis la Maïzena et mélangez. Versez le lait
  chaud sur cette préparation en remuant,
  puis replacez le mélange dans la casserole
  et continuez à remuer quelques min à feu
  doux jusqu'à ce que le mélange épaississe.
- ▨ Versez le mélange dans un moule et placez
  au four pendant 40 min à 180 °C (therm. 6).
  En fin de cuisson, déclenchez le gril quelques secondes pour obtenir la couleur
  dorée des flans.

# Panna Cotta sur Gelée de Fruits de la Passion

Pour 4 personnes | Préparation : 25 min

Réfrigération : 3 h + une nuit

PP - PL

---

6 feuilles de gélatine
15 cl d'eau
1 cuill. à café d'arôme fruit de la passion
1 cuill. à café d'Hermesetas liquide
½ litre de lait écrémé
50 cl de crème fraîche liquide à 3 % de MG
2 cuill. à café d'arôme vanille
4 cuill. à soupe de Canderel

---

- Faites tremper 2 feuilles de gélatine dans un bol d'eau froide. Dans une casserole, versez 15 cl d'eau et faites-la chauffer en ajoutant l'Hermesetas liquide. Ajoutez l'arôme fruit de la passion puis les feuilles de gélatine préalablement égouttées.

- Répartissez dans le fond de quatre verrines ou verres à pied. Placez-les au frais jusqu'à ce que la gélatine soit ferme (environ 3 h minimum). Quand celle-ci a pris, réalisez les panna cotta.

- Faites tremper 4 feuilles de gélatine dans un bol d'eau froide. Versez le lait dans une casserole et ajoutez l'arôme vanille. Faites chauffer à feu doux et ajoutez la crème fraîche liquide. Quand le mélange est bien chaud, ajoutez les feuilles de gélatine préalablement égouttées.

- Ôtez du feu et ajoutez le Canderel. Versez très délicatement dans les verres en faisant couler sur les bords du verre pour éviter de refaire fondre la gelée du dessous. Replacez au frais pendant une nuit.

# Muhallebi d'Istanbul

Pour 4 personnes | Préparation : 5 min | Cuisson : 12 min

Réfrigération : 4 h minimum

PP - PL

---

4 cuill. à soupe de Maïzena
4 cuill. à soupe de Canderel
4 verres de lait écrémé
2 cuill. à soupe d'eau de fleur d'oranger
ou d'eau de rose
Cannelle en poudre

---

- Dans un saladier, délayez petit à petit la Maïzena avec un peu de lait jusqu'à l'obtention d'une pâte homogène.
- Versez le reste du lait dans une casserole et faites chauffer à feu moyen. Lorsque le lait frémit, ajoutez la Maïzena délayée en fouettant énergiquement et maintenez sur le feu à feu moyen. Amenez le mélange à ébullition en continuant de battre, puis réduisez le feu et continuez à battre jusqu'à ce que le mélange nappe la cuillère. Ajoutez le Canderel et l'eau de fleur d'oranger, mélangez et retirez du feu.
- Versez dans quatre ramequins et placez au frais pendant 4 h. Versez de la cannelle en poudre sur le dessus avant de servir.

# Délice aux Myrtilles

Pour 4 personnes | Préparation : 15 min

Réfrigération : 3 h

PP - PL

---

4 yaourts aux myrtilles à 0 % de MG
½ verre d'eau
4 feuilles de gélatine
4 cuill. à soupe de faisselle à 0 % de MG,
égouttée au moins ½ journée
2 cuill. à café de Stevia cristallisée
4 blancs d'œufs
1 pincée de sel

---

- Faites tremper la gélatine dans un bol d'eau froide jusqu'à complet ramollissement.
- Mettez le ½ verre d'eau dans une petite casserole et faites chauffer jusqu'à ébullition. Ajoutez la gélatine pour la dissoudre.
- Versez les 4 yaourts dans un petit saladier et ajoutez la gélatine dissoute dans l'eau.
- Versez dans quatre belles coupes et disposez au frais 3 h minimum.

# Chantilly Dukan

- Mélangez la Stevia cristallisée et la faisselle. Battez les blancs d'œufs en neige très ferme en ajoutant 1 pincée de sel.
- Mélangez le tout en incorporant les blancs d'œufs très délicatement et mettez au frais.
- Au moment de servir, recouvrez chaque coupe de délice aux myrtilles de Chantilly Dukan.

# Panna Cotta Cerise-Griotte-Amande

Pour 4 verrines | Préparation : 15 min

Réfrigération : 4 h minimum

PP - PL

---

400 g de tofu soyeux
1 cuill. à café d'arôme cerise-griotte
1 cuill. à café d'arôme amande amère
4 cuill. à café de Stevia cristallisée
4 feuilles de gélatine
4 cuill. à soupe de lait écrémé

---

- Dans une assiette creuse remplie d'eau froide, faites ramollir les feuilles de gélatine.
- Versez la moitié du tofu dans le bol d'un mixer, ajoutez l'arôme cerise-griotte et la moitié de l'édulcorant. Mixez jusqu'à ce que la préparation soit bien lisse.
- Remplissez quatre verrines dans leur moitié inférieure.
- Recommencez l'opération avec le reste de tofu, l'arôme amande et le reste d'édulcorant.
- Dans une petite casserole, versez le lait écrémé et faites chauffer à feu doux. Placez la gélatine préalablement égouttée dans le lait écrémé chaud, puis une fois dissoute, incorporez le tout rapidement dans le mélange tofu amande amère. Mixez jusqu'à ce que la préparation soit bien lisse et répartissez dans la moitié supérieure des verrines. Placez au réfrigérateur pendant 4 heures minimum.

# Crème Chocobanana au Tofu Soyeux

Pour 4 personnes | Préparation : 10 min

Réfrigération : 6 h

PP - PL

300 g de tofu soyeux
500 ml de lait écrémé
1 cuill. à café d'arôme banane
4 cuill. à café de cacao dégraissé
6 sticks de Canderel vanille
2 yaourts à la vanille à 0 % de MG (Sveltesse)

- Dans le bol d'un mixer, versez tous les ingrédients jusqu'à l'obtention d'un mélange mousseux.
- Versez dans des grands verres. Laissez refroidir 6 h au réfrigérateur. Agitez avant de servir.

# Bûche au Chocolat

Pour 6 personnes | Préparation : 30 min | Cuisson : 15 min

Réfrigération : 2 h minimum | **PP - PL**

---

30 cl de lait écrémé
4 feuilles de gélatine
8 œufs
6 cuill. à soupe de Maïzena
17 cuill. à soupe de Splenda
2 cuill. à café d'arôme
chocolat noir
2 cuill. à café d'arôme vanille

2 cuill. à café d'eau de fleur
d'oranger
1 sachet de levure
6 cuill. à café de cacao
dégraissé
7 cuill. à soupe de lait écrémé
en poudre
1 demi-verre de lait écrémé
1 pincée de sel

---

■ **Pour la crème :** Chauffez 30 cl de lait écrémé dans une casse-role à feu doux. Faites tremper les 4 feuilles de gélatine dans une assiette d'eau froide. Dans un saladier, cassez 2 œufs entiers et ajoutez 2 cuillères à soupe de Maïzena, 4 cuillères à soupe de Splenda et 2 cuillères à café d'arôme chocolat noir. Mélangez bien pour obtenir une pâte lisse. Ajoutez douce-ment le lait chaud et remuez. Remettez à chauffer à feu doux et continuez à remuer jusqu'à épaississement. Retirez du feu puis ajoutez les feuilles de gélatine égouttées, avant de remuer à nouveau la crème. Réservez au réfrigérateur.

■ **Pour la génoise :** Préchauffez votre four à 180 °C (therm. 6). Cassez 6 œufs en séparant les blancs des jaunes. Mélangez les 6 jaunes avec le sachet de levure, 4 cuillères à soupe de Maïzena, 10 cuillères à soupe de Splenda, 2 cuillères à soupe d'eau de fleur d'oranger et 2 cuillères à café d'arôme vanille. Dans un autre saladier, montez les 6 blancs en neige en ajou-tant 1 pincée de sel. Incorporez-les délicatement au premier mélange. Étalez la pâte sur une plaque de four recouverte de papier sulfurisé, avec une épaisseur d'1 cm environ, en réalisant une forme bien rectangulaire que vous pourrez rouler en bûche. Faites chauffer à mi-hauteur dans le four pendant 8 à 10 min à 180 °C. Décollez la génoise en prenant soin de ne pas la casser. Déposez-la sur un torchon humide de manière à pouvoir la rouler. Étalez la crème sur l'intérieur de la génoise avec soin et roulez dans le sens de la largeur.

■ **Pour le glaçage :** Mélangez les 4 cuillères de cacao dégraissé avec les 3 cuillères à soupe de Splenda, les 7 cuillères à soupe de lait écrémé et ajoutez petit à petit le lait en faisant attention de conserver une crème épaisse mais suffisamment lisse. Recouvrez la bûche de ce nappage, puis saupoudrez de cacao et conservez au réfrigérateur au moins 2 h.

# Bûche
# Mousse Moka

Pour 4 personnes | Préparation : 30 min | Cuisson : 10 min

Réfrigération : 2 h minimum | **PP - PL**

---

4 œufs
1 cuill. à café de levure
1 cuill. à café d'Hermesetas liquide
2 cuill. à soupe de poudre de Protifar
2 cuill. à soupe de lait écrémé en poudre
2 cuill. à soupe de lait écrémé
1 cuill. à café d'arôme vanille
2 pincées de sel

1 petite tasse de café expresso bien serré
6 petits-suisses à 0 % de MG
2 cuill. à café d'arôme café moka
4 g d'agar-agar + 1 cuill. à café pour la crème du nappage
8 cuill. à soupe de Canderel
10 cl de lait écrémé
1 cuill.à café d'agar-agar

---

- **Pour la mousse moka :** Versez la petite tasse de café dans une casserole avec l'agar-agar. Portez une minute à ébullition. Dans un saladier, mélangez 2 petits-suisses avec un jaune d'œuf, 4 cuillères à soupe de Canderel et la cuillère à café d'arôme moka. Dans un autre saladier, montez le blanc d'œuf en neige bien ferme en ajoutant 1 pincée de sel. Mélangez le tout et réservez au frais.

- **Pour la génoise :** Faites préchauffer votre four à 180 °C (therm. 6).Cassez 3 œufs en séparant les blancs des jaunes. Mélangez bien les 3 jaunes avec 1 cuillère à café de levure, 1 cuillère à café d'Hermesetas liquide, 2 cuillères à soupe de Protifar, 2 cuillères à soupe de lait écrémé en poudre, 2 cuillères à soupe de lait écrémé et 1 cuillère à café d'arôme vanille. Dans un autre saladier, montez les 3 blancs en neige bien fermes en ajoutant 1 pincée de sel. Incorporez-les délicatement au premier mélange. Étalez la pâte sur une plaque de four recouverte d'un papier sulfurisé, avec une épaisseur d'1 cm environ, en réalisant une forme bien rectangulaire que vous pourrez rouler en bûche. Faites chauffer à mi-hauteur dans le four pendant 8 à 10 min à 180 °C en surveillant afin qu'elle ne cuise pas trop sinon elle sera difficile à rouler. Décollez la génoise en prenant soin de ne pas la casser. Déposez-la sur un torchon humide de manière à pouvoir la rouler. Étalez la mousse sur l'intérieur de la génoise avec soin et roulez dans le sens de la largeur.

- **Pour la crème moka :** Dans une casserole, porterz à ébullition 10 cl de lait écrémé. Ajoutez la cuillère au café d'agar-agar. Dans un saladier, mélangez 4 petits-suisses, 4 cuillères à soupe de Canderel, 1 cuillère à café d'arôme café moka. Ajoutez le lait mélangé à l'agar-agar. Nappez la bûche de cette crème et placez au frais pendant 2 h minimum.

# Petits Choux
# à la Crème

Pour 4 personnes | Préparation : 30 min | Cuisson : 20 min

**PP - PL**

---

**Pour la pâte à choux**
4 œufs
1 pincée de sel
2 cuill. à soupe de Splenda
2 petits-suisses à 0 % de MG
2 cuill. à soupe de Maïzena
2 cuill. à café d'arôme vanille
2 cuill. à café de levure
de boulanger

**Pour la crème pâtissière
à la vanille**
50 cl de lait écrémé
4 jaunes d'œufs
2 cuill. à soupe de Maïzena
2 cuill. à soupe de Splenda
2 cuill. à café d'arôme vanille

---

- **Pour la pâte à choux :** Préchauffez le four à 180 °C
  (therm. 6). Cassez les œufs dans un saladier
  en séparant les blancs des jaunes. Montez les 4 blancs
  en neige bien ferme en ajoutant 1 pincée de sel.
  Dans un autre récipient, mélangez les 4 jaunes avec
  la Maïzena, le Splenda, les 2 petits-suisses, l'arôme
  vanille et la levure jusqu'à l'obtention d'un mélange
  homogène. Incorporez très délicatement les blancs
  en neige à ce mélange. Versez dans des moules
  à mini-muffins ou à petits-fours et placez au four 15 min
  à 210 °C (therm. 7) en surveillant bien la cuisson.

- **Pour la crème pâtissière à la vanille :** Faites chauffer
  45 cl de lait avec l'arôme vanille à feu doux. Pendant
  ce temps, mélangez dans un bol les 5 cl de lait restant,
  les 4 jaunes d'œufs, la Maïzena et le Splenda.
  Versez cette préparation dans le lait chaud sans
  cesser de remuer jusqu'à épaississement de la crème.
  Continuez ensuite à remuer la crème en l'enlevant
  du feu pendant quelques minutes. Laissez refroidir les
  choux et la crème pâtissière. Coupez le chapeau des
  petits choux et creusez-les délicatement. Fourrez-les à
  l'aide d'une poche à douille et replacez les chapeaux
  des choux. Faites refroidir au réfrigérateur avant de
  déguster.

# Millefeuille Rond

Pour 4 personnes | Préparation : 30 min | Cuisson : 30 min

Réfrigération : 1 h minimum | **PP - PL**

---

**Pour la pâte**
4 œufs entiers
4 Jaunes d'œufs
2 cuill. à soupe de
Maïzena
1 cuill. à café
d'arôme beurre
fondu

**Pour le glaçage**
1 blanc d'œuf
1 cuill. à soupe de
Splenda

**Pour la crème
pâtissière**
4 feuilles
de gélatine
2 œufs
2 cuill. à café rases
de Maïzena
4 cuill. à soupe
de Splenda
2 cuill. à café
d'arôme vanille

---

- **Pour la la pâte :** Préchauffez votre four à 180 °C (therm. 6). Dans un saladier, cassez 4 œufs et séparez les blancs des jaunes d'œuf. Cassez les 4 autres œufs et séparez également les blancs des jaunes en mettant de côté 1 blanc d'œuf pour le glaçage. Mélangez les jaunes d'œufs avec l'arôme beurre et la Maïzena. Montez les blancs en neige bien ferme et incorporez-les délicatement. Sur du papier sulfurisé, faites couler la pâte pour réaliser des ronds de même diamètre. Faites cuire à 180 °C pendant 20 min en vérifiant régulièrement.

- **Pour la crème pâtissière :** Mettez les 4 feuilles de gélatine à tremper dans de l'eau froide. Dans un bol, cassez les 2 œufs et ajoutez les 2 cuillères à café de Maïzena, 4 cuillères à soupe d'édulcorant Splenda et les 2 cuillères à café d'arôme vanille. Mélangez le tout pour obtenir une crème bien lisse. Mettez le lait à chauffer dans une petite casserole. Ajoutez le lait chaud en remuant, et mettez la crème à chauffer à feu doux. Remuez sans interruption jusqu'à l'épaississement. Retirez du feu, ajoutez les 2 feuilles de gélatine égouttées et continuez à remuer jusqu'à entière dissolution de la gélatine. Laissez refroidir.

- **Pour le glaçage :** Montez le blanc en neige et ajoutez le Splenda.

- **Pour monter le millefeuille :** Posez une pâte cuite puis de la crème, puis recommencez plusieurs fois jusqu'à ce qu'il ne reste qu'une pâte. Ajoutez ensuite le glaçage et laissez prendre au réfrigérateur pendant 1 h minimum.

# Fondant au Chocolat

Pour 4 personnes | Préparation : 10 min

Cuisson : 6 à 12 min selon four

**PP - PL**

---

3 œufs
3 cuill. à soupe de Maïzena
3 petits-suisses à 0 % de MG
3 cuill. à café de cacao dégraissé
1 cuill. et ½ à soupe d'Hermesetas liquide
1 cuill. à café de levure chimique

---

- Mélangez tous les ingrédients au batteur électrique et versez dans un petit moule spécial micro-ondes, recouvert de son couvercle ou d'un film alimentaire.
- Placez au four à micro-ondes pendant 6 min (puissance maximale).
  Vous pouvez également utiliser un four normal (sans couvercle) en faisant cuire 10 à 12 min environ.
- Une fois la cuisson terminée, sortez le plat du four et placez le fondant quelques min sur une feuille de papier absorbant.

# Tiramisu
# « The Residence »

Pour 4 personnes | Préparation : 30 min | Cuisson : 10 min

Réfrigération : 30 min minimum | **PP - PL**

---

**Pour la crème pâtissière**
40 cl de lait écrémé
4 cuill. à soupe rases de Splenda
1 jaune d'œuf
2 œufs entiers
1/2 gousse de vanille
3 cuill. à soupe de Maïzena

40 g de fromage blanc à 0 % de MG
**Pour le biscuit**
1 œuf entier
2 cuill. et ½ à soupe rases de Splenda
1 cuill. à café d'arôme vanille
Le zeste d'un ½ citron non traité

1 cuill. à soupe de Maïzena
2 g de levure chimique
1 tasse de café pour imbiber le biscuit
Cacao en poudre dégraissé sans sucre

---

- **Pour la crème pâtissière :** Faites bouillir le lait avec la gousse de vanille fendue en deux. Délayez la Maïzena dans un peu de lait froid. Fouettez tous les œufs (2 entiers + 1 jaune) avec l'édulcorant, ajoutez la Maïzena puis versez 1/3 du lait bouillant. Versez ce mélange dans les 2/3 de lait restant, remettez le tout sur le feu et remuez sans arrêt jusqu'à ce que la crème soit épaisse. Prenez 200 g de crème pâtissière et incorporez le fromage frais.

- **Pour le biscuit tiramisu :** Préchauffez le four à 180 °C (therm. 6). Séparez le jaune du blanc d'œuf. Râpez la peau du ½ citron. Dans une terrine, battez le jaune d'œuf avec l'édulcorant et l'arôme vanille jusqu'à ce que le mélange soit crémeux. Ajoutez le zeste du citron, la Maïzena et la levure. Battez le blanc en neige bien ferme et incorporez-le dans le mélange crémeux. Déposez sur un papier sulfurisé posé sur une plaque du four et laissez cuire une dizaine de minutes. Démoulez chaud et laissez refroidir sur une grille. Découpez le biscuit en petits cercles avec un emporte-pièce de la taille de la coupe ou la verrine dans laquelle vous voulez réaliser le dessert. Déposez les biscuits dans les coupes ou les verrines et imbibez-les de café. Recouvrez chaque verrine d'une couche de crème et saupoudrez de cacao. Renouvelez ensuite l'opération pour obtenir trois niveaux. Réservez au réfrigérateur 30 min au minimum avant de servir.

**Merci à l'hôtel «The Residence» de Tunis et son chef pâtissier, Feker Jlassi, pour cette délicieuse recette.**

# Cannelés Dukan

Pour 4 personnes | Préparation : 5 min | Cuisson : 1 h 05 min

**PP - PL**

---

¼ de litre de lait écrémé
2 cuill. à café d'arôme vanille
½ cuillère à café d'arôme rhum
1 œuf entier
1 jaune d'œuf
5 cuill. à soupe de Maïzena
3 cuill. à soupe de Splenda

---

- Préchauffez votre four à 240 °C (therm. 8).
- Dans une casserole, faites bouillir le lait avec l'arôme vanille.
- Pendant ce temps, dans un saladier, mélangez la Maïzena, le Splenda avec les œufs. Versez le lait bouillant sur ce mélange puis ajoutez l'arôme rhum. Mélangez doucement afin d'obtenir une pâte fluide et laissez refroidir.
- Versez cette pâte dans des moules à cannelés en silicone. Placez au four chaud à même température pendant 5 min, puis baissez votre four à 180 °C (therm. 6) et continuez la cuisson pendant 1 h afin que les cannelés aient une croûte brune et un intérieur bien moelleux.

# Babas
# au Rhum Dukan

Pour 4 personnes | Préparation : 20 min | Cuisson : 20 min

**PP - PL**

---

4 œufs entiers
2 blancs d'œufs
4 cuill. à soupe de Splenda
4 cuill. à soupe de son d'avoine
2 cuill. à soupe de son de blé
2 cuill. à soupe de Maïzena
1 sachet de levure chimique
160 ml de lait écrémé
1 pincée de sel
2 cuill. à café d'arôme rhum
4 petits-suisses à 0 % de MG
1 cuill. à café d'arôme vanille
6 sticks Canderel vanille

---

- **Pour la pâte :** Dans un saladier, cassez les œufs et séparez les jaunes des blancs. Mélangez les jaunes d'œufs avec le Splenda, les sons, la Maïzena, la levure et le lait écrémé. Dans un autre saladier, montez les blancs en neige bien ferme en ajoutant 1 pincée de sel. Incorporez les blancs à la préparation et versez dans 4 petits moules à baba argentés. Placez au four à 180 °C (therm. 6) pendant 20 min.

- **Pour le sirop de rhum :** Mélangez 1 verre d'eau, 2 sticks de Canderel vanille et 2 cuillères à café d'arôme rhum. Faites chauffer dans une casserole. Une fois les babas cuits, démoulez et arrosez-les de sirop en les imbibant bien

- **Chantilly Dukan :** Mélangez les 4 petits-suisses, l'arôme vanille et 4 sticks de Canderel. Battez en neige bien ferme les 2 blancs d'œufs restants. Incorporez-les délicatement au mélange.

# Gâteau de Gênes tout Léger au Chocolat

Pour 2 personnes | Préparation : 10 min | Cuisson : 20 min

**PP - PL**

---

4 œufs
5 cuill. à soupe de Splenda
2 cuill. à café de cacao dégraissé
Le zeste d'1 orange non traitée
40 g de Maizena

---

- Préchauffez votre four à 180 °C (therm.6).
- Séparez les blancs des jaunes des 4 œufs.
- Montez les blancs en neige.
- Mélangez les jaunes dœufs, la cacao et le Splenda puis ajoutez le zeste de l'orange et la Maïzena. Mélangez délicatement avec les blancs en neige.
- Versez dans un moule tapissé de papier sulfurisé et faites cuite pendant 20 min, jusqu'à ce que le gâteau soit joliment coloré en surveillant bien la cuisson.

# Îles Flottantes

Pour 4 personnes | Préparation : 5 min | Cuisson : 20 min

Réfrigération : 2 h minimum

**PP - PL**

---

4 œufs
80 cl de lait écrémé
2 cuill. à café d'arôme vanille
8 sticks de Canderel vanille
1 pincée de sel

---

- Dans un saladier, cassez les œufs et séparez les blancs des jaunes. Dans une casserole, faites chauffer le lait à feu doux avec l'arôme vanille. Battez les 4 jaunes d'œufs, mélangez-les au Canderel vanille et versez le tout doucement dans le lait chaud tout en remuant avec une cuillère en bois. Continuez à chauffer à feu doux jusqu'à ce que la crème s'épaississe et nappe le dos de votre cuillère.

- Mettez à chauffer sur le feu une autre casserole remplie d'eau et faites bouillir.

- Dans un autre saladier, montez les blancs en neige bien fermes, en ajoutant 1 pincée de sel. Faites des petites quenelles avec les blancs montés en neige et pochez-les sur l'eau bouillante de chaque côté.

- Versez la crème anglaise dans un grand saladier de service et placez les blancs sur la crème. Placez au réfrigérateur pendant 2 h minimum.

# La Mousse façon « Marron Suisse » Dukan

Pour 4 personnes | Préparation : 10 min

Réfrigération : 2 h minimum

**PP - PL**

---

8 petits suisses à 0% de MG
4 cuillères à soupe de crème fraîche allégée 3%
1 cuillère à café d'arôme Marron Glacé
4 cuillères à café de Stevia Cristallisée
3 blancs d'oeufs
1 pincée de sel

---

- Dans un saladier, mélangez les petits suisses, la crème fraîche allégée, une cuillère à café d'arôme Marron glacé et la Stevia Cristallisée.
- Dans un autre saladier, montez les blancs en neige bien fermes en ajoutant une pincée de sel puis incorporez-les dans le premier mélange.
- Versez dans des coupes individuelles et placez au frais au minimum 2 heures pour servir les mousses bien fraîches.

# Forêt-Noire Dukan

Pour 4 personnes | Préparation : 20 min | Cuisson : 20 min

**PP - PL**

**Pour la gelée**
5 cuill. à soupe de sirop Teisseire 0 % de sucre fraise-grenade ou framboise-cranberry
1 cuill. à café d'arôme cerise-griotte
1 cuill. à soupe de Splenda
1 cuill. à café d'agar-agar

**Pour la chantilly Dukan**
2 blancs d'œufs
1 pincée de sel
2 petits-suisses à 0% de MG
2 sticks de Canderel vanille

**Pour le gâteau**
4 cuill. à soupe de son d'avoine
2 cuill. à soupe de son de blé

1 cuill. à soupe de Maïzena
2 œufs
1 yaourt nature à 0 % de MG
3 cuill. à café de cacao dégraissé
5 cuill. à soupe de Splenda
1 sachet de levure chimique
1 cuill. à café d'arôme chocolat noir

- **Pour la gelée :** Faites chauffer dans une petite casserole le sirop sans sucre, le Splenda, l'arôme cerise-griotte et l'agar-agar. Portez à ébullition, puis attendez 1 min avant de retirer la casserole du feu. Laissez refroidir et faites prendre au frais.

- **Pour la chantilly Dukan :** Montez les œufs en neige bien ferme avec 1 pincée de sel. Ajoutez le Canderel et continuez de battre. Placez vos petits-suisses dans un saladier et incorporez-y les blancs battus.

- **Pour le gâteau :** Préchauffez votre four à 180 °C (therm. 6). Dans un saladier, mélangez les sons, la Maïzena, le cacao dégraissé, les 2 œufs, le yaourt, le cacao dégraissé, le Splenda, la levure et l'arôme chocolat noir. Versez dans un moule rond en silicone. Placez au four pendant 20 min à la même température. À la sortie du four, laissez refroidir le gâteau, puis coupez-le en deux galettes à l'aide d'un couteau très fin et bien aiguisé. Garnissez l'intérieur de gelée ainsi que le dessus. Remplissez une poche à douille de chantilly Dukan et disposez la chantilly de manière à garnir le dessus de votre forêt-noire.

# Éclairs au Café Dukan

Pour 4 personnes | Préparation : 30 min | Cuisson : 18 min

**PP - PL**

**Pour la pâte**
2 œufs
1 pincée de sel
1 cuill. à café
d'Hermesetas
liquide
1 cuill. à soupe
de Maïzena
1 cuill. à café de
levure chimique
1 cuill. à café
d'arôme vanille

**Pour la crème**
4 petits-suisses
à 0% de MG
4 cuill. à soupe
de Canderel
2 sticks de café
soluble
1 sachet de 2 g
d'agar-agar
½ tasse de lait
écrémé

**Pour le glaçage**
1 blanc d'œuf
8 cuill. à soupe
de Canderel
1 cuill. à café
d'arôme café
3 cuill. à soupe
de lait écrémé
en poudre mixé
le plus finement
possible

■ **Pour la pâte :** Préchauffez votre four à 180 °C (therm. 6). Dans un saladier, cassez les œufs et séparez les blancs des jaunes. Montez les blancs d'œufs en neige bien ferme, en ajoutant 1 pincée de sel. Dans un autre saladier, mélangez les jaunes d'œufs, l'Hermesetas, la Maïzena, la levure chimique et l'arôme vanille. Incorporez délicatement les blancs en neige puis, avec la pâte obtenue, réalisez quatre formes de quenelles allongées sur une feuille de cuisson (ou 8 petits). Placez au four pendant 15 min à la même température, en surveillant la cuisson. À la sortie du four, faites refroidir légèrement puis coupez à l'aide du couteau à lame aiguisée la partie supérieure des éclairs.

■ **Pour la crème :** Dans un grand bol, mélangez les petits-suisses, le Canderel et les 2 sticks de café soluble. Dans une petite casserole, faites chauffer la ½ tasse de lait et ajoutez l'agar-agar. Portez à ébullition puis sortez du feu. Mélangez à la préparation. Garnissez l'intérieur des éclairs de cette crème puis refermez les chapeaux des éclairs.

■ **Pour le glaçage :** Dans un bol, mélangez le blanc d'œuf et l'édulcorant en poudre. Ajoutez la cuillère d'arôme café puis versez en pluie le lait écrémé mixé pour obtenir une consistance de glaçage assez épaisse. Déposez sur chaque éclair puis placez au frais pour faire durcir le glaçage et rafraîchir les éclairs.

# Cupcakes Choco Framboise et Choco-Menthe

Pour 4 personnes | Préparation : 15 min | Cuisson : 15 min

**PP - PL**

---

4 cuill. à soupe de son d'avoine
2 cuill. à soupe de son de blé
4 cuill. à café de cacao dégraissé
2 cuill. à café d'Hermesetas liquide

1 sachet de levure
2 cuill. à soupe de fromage blanc
4 œufs
10 cuill. à café de Canderel en poudre

4 cuill. à soupe de lait écrémé en poudre mixé le plus finement possible
Colorant alimentaire rouge/rose
Colorant alimentaire vert
Arôme framboise
Arôme menthe poivrée

---

- Préchauffez votre four à 180 °C (therm. 6).
  Dans un saladier, mélangez le son d'avoine, le son de blé, le cacao et l'Hermesetas. Ajoutez la levure et le fromage blanc. Cassez 2 œufs et séparez les blancs des jaunes. Rajoutez les jaunes à la préparation ainsi que 2 œufs entiers. Réservez les blancs. Versez dans des moules à muffins en silicone et placez au four à même température pendant 15 min en surveillant bien la cuisson.

- **Pendant ce temps, préparez les glaçages :** Ajoutez l'édulcorant en poudre aux blancs d'œufs. Partagez en deux bols. Dans l'un, ajoutez le colorant rouge-rose et l'arôme framboise. Dans l'autre, le vert et l'arôme menthe poivrée. Versez doucement, dans chaque bol et, petit à petit, le lait en poudre finement mixé, jusqu'à obtenir la consistance bien épaisse d'un glaçage classique. Recouvrez la moitié des muffins du glaçage framboise et l'autre du glaçage menthe.
  Placez au frais pour faire durcir le glaçage.

# Galette des Rois façon Dukan

Pour 4 personnes | Préparation : 15 min | Cuisson : 35 min

**PP - PL**

**Pour le fourrage
façon frangipane**
2 œufs entiers
1 cuill. à soupe de son de blé
2 cuill. à soupe de son d'avoine
3 cuill. à soupe de Canderel
2 cuill. à soupe de fromage
blanc
4 cuill. à soupe de poudre
de Protifar
2 cuill. à café d'arôme
amande amère
1 fève

**Pour la pâte**
3 œufs
1 pincée de sel
½ sachet de levure
4 cuill. à soupe de poudre
de Protifar
½ verre de lait écrémé
4 cuill. à soupe de Canderel
1 cuill. à café d'arôme noisette

■ Préchauffez votre four à 180 °C (therm. 6).

■ **Pour le fourrage façon frangipane :** Dans un saladier,
mélangez tous les ingrédients pour le fourrage façon
frangipane Dukan et réservez.

■ **Pour la pâte :** Dans un saladier, cassez les œufs
en séparant les blancs des jaunes. Montez les blancs
en neige bien ferme en ajoutant 1 pincée de sel. Dans
un autre saladier, mélangez le reste des ingrédients.
Incorporez délicatement les blancs d'œufs. Étalez
la moitié de la préparation dans un moule rond
en silicone ou un moule recouvert de papier sulfurisé
et passez au four 6/7 min à même température
et refaites la même opération avec l'autre moitié
de la préparation. Montez la galette : déposez une
pâte en dessous, ajoutez le fourrage goût frangipane,
cachez-y une fève et déposez par-dessus la seconde
pâte. Enfournez de nouveau la galette totale pendant
20 min à la même température.

# Tarte Tropézienne façon Dukan

Pour 4 personnes | Préparation : 20 min

Temps de repos : 2 h minimum | Cuisson : 30 min | **PP - PL**

**Pour la crème**
½ litre de lait écrémé
1 gousse de vanille
1 cuill. à soupe d'arôme vanille
2 jaunes d'œufs
2 cuill. à soupe de Splenda
2 cuill. à soupe de Maïzena
1 cuill. à soupe d'eau de fleur d'oranger

**Pour le gâteau**
4 cuill. à soupe de son d'avoine
2 cuill. à soupe de son de blé
2 œufs
2 cuill. à soupe de Splenda
4 cuill. à soupe de lait écrémé en poudre

1 yaourt aromatisé à la vanille à 0 % de MG sans sucre (Sveltesse)
15 g de levure de boulanger délayée dans 1 cuill. à soupe de lait tiède
2 cuill. à soupe d'eau de fleur d'oranger

- **Pour la crème :** Versez le lait écrémé dans une casserole, ajoutez l'arôme vanille et la gousse de vanille fendue en deux et portez à ébullition. Dans un saladier, cassez les œufs pour récupérer les jaunes et mélangez-les avec le Splenda. Ajoutez la Maïzena et la fleur d'oranger. Une fois le lait bien chaud, versez le mélange dans la casserole et continuez à tourner jusqu'à ce que la crème s'épaississe et nappe bien la cuillère. Laissez refroidir.

- **Pour le gâteau\* :** Préchauffez votre four à 180 °C (therm. 6). Mixez le son d'avoine et le son de blé pour affiner un peu le grain. Dans un saladier, cassez les œufs et mélangez-les avec le Splenda. Ajoutez les sons, le lait écrémé, le yaourt à la vanille, la levure et la fleur d'oranger. Pétrissez le tout puis couvrez d'un linge et laissez gonfler pendant 2 h minimum dans une pièce bien chauffée. Versez dans un moule à tarte recouvert d'un papier sulfurisé. Faites cuire au four environ 25 min à 180 °C. Une fois le gâteau cuit, laissez le refroidir. Une fois qu'il est bien refroidi, coupez-le en deux dans le sens de l'épaisseur et nappez le premier disque de crème. Recouvrez de l'autre moitié, saupoudrez de Splenda et placez le tout au réfrigérateur.

\* Il est également possible de réaliser une génoise légère (cf. p.60).

# Fiadone Corse façon Dukan

Pour 4 personnes | Préparation : 15 min | Cuisson : 45 min

**PP - PL**

---

6 œufs
600 g de faisselle à 0 % de MG égouttée
6 cuill. à soupe de Splenda
2 cuill. à café d'arôme citron
Le zeste d'un citron râpé non traité
1 pincée de sel

---

- ■ Dans un saladier, cassez les œufs et séparez les blancs des jaunes. Battez les blancs en neige bien ferme en ajoutant 1 pincée de sel.

- ■ Dans une jatte, mélangez la faisselle égouttée et les jaunes d'œufs.

- ■ Ajoutez l'édulcorant Splenda, l'arôme citron, le zeste de citron, puis incorporez les blancs en neige.

- ■ Versez dans un moule à tarte en silicone (à bords hauts) et enfournez à 180 °C (therm. 6) pendant 45 min environ en surveillant la cuisson.

# Pain Perdu

Pour 4 personnes | Préparation : 20 min | Cuisson : 10 min

**PP - PL**

---

**Pour le pain**
4 cuill. à soupe de son d'avoine
1 sachet de levure
2 cuill. à soupe de fromage blanc à 0 % de MG
2 œufs

**Pour la préparation**
2 œufs
20 cl de lait écrémé
4 sticks de Canderel vanille
2 cuill. à café d'arôme vanille
Cannelle

---

■ **Préparation du pain :** Dans un petit saladier, mixez finement le son d'avoine et ajoutez le reste des ingrédients. Mélangez. Versez cette préparation dans un récipient en plastique rectangulaire (pour cuisson au micro-ondes) et passez le tout 4 min au micro-ondes (puissance 750 W). Démoulez et laissez refroidir, puis coupez de belles tranches.

■ **Pour la finition du pain perdu :** Dans une assiette creuse, cassez les œufs, ajoutez le Canderel, le lait, l'arôme vanille et la cannelle et battez le tout à la fourchette. Trempez les tranches de pain dans le mélange. Faites chauffer à feu vif une poêle et huilez avec quelques gouttes. Essuyez avec du papier absorbant. Faites cuire chaque tranche de chaque côté 1 à 2 mm à feu moyen. Laissez tiédir et servez.

# Compote
# de Rhubarbe

Pour 4 personnes | Préparation : 5 min | Cuisson : 20 min

PL

---

500 g de rhubarbe
2 cuill. à café d'arôme vanille
4 cuill. à café de Stevia cristallisée
1 verre d'eau

---

- Lavez la rhubarbe, taillez-la et enlevez les extrémités sans la peler, en morceaux de 1 à 2 cm d'épaisseur (vous pouvez également utiliser de la rhubarbe surgelée que vous trouverez chez Picard).

- Versez les morceaux coupés dans une casserole avec le verre d'eau et l'arôme vanille et faites cuire à feu doux pendant une vingtaine de minutes en remuant. Surveillez régulièrement pour vérifier s'il est nécessaire de rajouter un peu d'eau.

- En fin de cuisson, enlevez l'éventuel surplus d'eau, ajoutez la Stevia cristallisée et goûtez pour vérifier si la compote est suffisamment édulcorée et pas trop acide à votre goût. Pour varier, vous pouvez également ajouter de l'arôme fraise et/ou de l'arôme rhum.

# Bavarois de Rhubarbe

Pour 4 personnes | Préparation : 15 min

Réfrigération : une nuit

PL

---

500 g de rhubarbe
2 verres d'eau
6 sticks de Canderel vanille
6 feuilles de gélatine
Le jus d'½ citron
3 cuill. à soupe d'eau
200 g de fromage blanc à 0 % MG
1 cuill. à café d'arôme vanille

---

- Nettoyez la rhubarbe et coupez-la en petits tronçons (ou procurez-vous de la rhubarbe surgelée).
- Faites-la cuire dans une casserole avec 1 verre d'eau pendant une vingtaine de minutes. En fin de cuisson, videz l'éventuel surplus d'eau et ajoutez le Canderel vanille. Goûtez pour savoir si la compote est suffisamment édulcorée et pas trop acide à votre goût. Versez dans le bol d'un mixer pour obtenir une compote bien mixée.
- Dans une assiette creuse, versez un verre d'eau froide et placez les feuilles de gélatine à ramollir pendant 5 min. Quand celles-ci sont bien ramollies, égouttez-les. Faites chauffer dans une casserole le jus du ½ citron avec 3 cuillères à soupe d'eau. Ajoutez les feuilles de gélatine ramollies et faites-les fondre dans le mélange.
- Versez la gélatine fondue dans la compote de rhubarbe. Ajoutez le fromage blanc et l'arôme vanille. Goûtez pour vérifier si la préparation est assez édulcorée et rectifiez si nécessaire.
- Versez dans des ramequins ou un moule à bavarois et placez au frais toute la nuit.

# Tarte Tatin à la Rhubarbe

Pour 4 personnes | Préparation : 20 min | Cuisson : 35 min

PL

---

500 g de rhubarbe
5 cuill. à soupe de Splenda
8 cuill. à soupe de son d'avoine
4 cuill. à soupe de son de blé
8 cuill. à soupe de lait en poudre écrémé
4 œufs
8 cuill. à soupe de fromage blanc à 0 % de MG
2 cuill. à café d'Hermesetas liquide

---

■ Préchauffez votre four à 180 °C (therm. 6).
Nettoyez la rhubarbe et coupez-la en petits tronçons
(ou procurez-vous de la rhubarbe surgelée
chez Picard que vous ferez décongeler préalablement).
Dans le fond d'un plat à tarte, en verre de préférence
ou en silicone, parsemez le Splenda. Disposez
délicatement vos petits tronçons de rhubarbe,
reparsemez de Splenda et enfournez à même
température pendant 5 à 10 min afin que
la rhubarbe caramélise, mais surtout sans brûler.
Surveillez bien cette cuisson.

■ **Pendant ce temps, préparez la pâte :** Dans un saladier,
mélangez les sons avec le lait en poudre. Cassez les
œufs et mélangez-les à la préparation précédente.
Battez énergiquement pour rendre la préparation mousseuse. Ajoutez le fromage blanc et l'édulcorant liquide.
Vérifiez dans le four que la rhubarbe ait caramélisé et
goûtez un petit morceau pour vérifier qu'elle soit suffisamment édulcorée. Rectifiez si nécessaire.
Versez la pâte sur la rhubarbe caramélisée.
Enfournez 15 min à 180 °C, puis continuez la cuisson
encore 10 min en baissant 160 °C (therm. 5/6)
et en ajoutant un peu de Splenda en poudre sur
la pâte. Servez chaud ou tiède en retournant la Tatin
de rhubarbe dans un plat de service.

# Tarte Meringuée Fraise-Rhubarbe

Pour 4 personnes | Préparation : 20 min | Cuisson : 48 min

PL

---

5 œufs
4 cuill. à soupe de son d'avoine
2 cuill. à soupe de son de blé
600 g de rhubarbe
1 yaourt nature à 0 % de MG
3 cuill. à café d'Hermesetas liquide
2 cuill. à café d'arôme fraise
1 cuill. à café d'arôme vanille
1 pincée de sel

---

■ Préchauffez le four à 180 °C (therm. 6).
Dans un saladier, cassez 2 œufs et mélangez-les
avec le yaourt en battant à l'aide d'un fouet,
puis ajoutez les sons. Ajoutez une ½ cuillère à café
d'Hermesetas liquide. Versez le tout dans un moule
à tarte recouvert d'une feuille de papier sulfurisé
(ou dans un moule en silicone), puis enfournez à 180 °C
(therm. 6) pendant 15 min en surveillant bien la cuisson
afin que le fond de tarte précuise. Lavez la rhubarbe
(ou procurez-vous de la rhubarbe surgelée chez Picard
que vous ferez préalablement décongeler). Découpez
la rhubarbe en petits morceaux. Cassez les 3 œufs
restants dans un saladier en séparant les blancs
des jaunes pour 2 d'entre eux. Battez 1 œuf entier
avec 2 jaunes d'œufs et ajoutez 2 cuillères à café
d'Hermesetas liquide et 2 cuillères à café d'arôme
fraise. Réservez les 2 blancs d'œufs. Sortez le fond
de tarte du four. Disposez la rhubarbe dessus et
versez les œufs battus. Placez au four pendant 25 min.

■ Pendant ce temps, montez les 2 blancs en neige bien
ferme avec 1 pincée de sel. Ajoutez une ½ cuillère
d'Hermesetas liquide ainsi que l'arôme vanille.
Continuez à battre au fouet quelque temps. À la fin
de la cuisson, sortez la tarte du four et disposez les
blancs en neige sur la tarte à l'aide d'une poche
à douille pour réaliser une décoration meringuée sur
la tarte. Enfournez de nouveau 7 à 8 min en surveillant
bien la cuisson pour que la meringue ne noircisse pas.

# Panna Cotta sur Lit de Rhubarbe

Pour 4 personnes | Préparation : 10 min | Cuisson : 25 min

Réfrigération : une nuit

PL

---

500 g de rhubarbe
1 verre d'eau
6 cuill. à café de Stevia cristallisée
4 cuill. à café d'arôme vanille
6 yaourts nature veloutés à 0 % de MG
10 cl de lait écrémé
4 g d'agar-agar

---

▦ Lavez la rhubarbe, taillez-la et enlevez les extrémités sans la peler, en morceaux de 1 à 2 cm d'épaisseur (vous pouvez également utiliser la rhubarbe surgelée Picard). Versez les morceaux coupés dans une casserole avec le verre d'eau et 1 cuillère à café d'arôme vanille. Faites cuire à feu doux pendant une vingtaine de minutes en remuant. Surveillez régulièrement pour vérifier s'il est nécessaire de rajouter un peu d'eau. En fin de cuisson, enlevez l'éventuel surplus d'eau, ajoutez 4 cuillères à café de Stevia cristallisée et goûtez pour vérifier si la compote est suffisamment édulcorée et pas trop acide à votre goût.

▦ Dans un saladier, versez les yaourts, 2 cuillères à café de Stevia cristallisée et 3 cuillères à café d'arôme vanille. Mélangez énergiquement. Dans une petite casserole, faites chauffer le lait écrémé à feu doux et ajoutez l'agar-agar en remuant bien. Portez à ébullition et sortez du feu en continuant à remuer. Ajoutez ce mélange aux yaourts et mélangez le tout. Dans quatre verrines, déposez un lit de compote de rhubarbe. Couvrez de la préparation pour panna cotta. Laissez refroidir à température ambiante puis au réfrigérateur pendant 1 nuit.

# Clafoutis de Rhubarbe

Pour 4 personnes | Préparation : 10 min | Cuisson : 35 min

PL

---

600 g de rhubarbe
4 œufs
2 cuill. à soupe d'arôme vanille
8 cuill. à soupe de Splenda
40 cl de lait écrémé
2 cuill. à soupe de Maïzena

---

- Préchauffez votre four à 180 °C (therm. 6).

- Lavez et coupez la rhubarbe en petits morceaux d'environ 2 cm (ou procurez-vous de la rhubarbe surgelée chez Picard que vous ferez préalablement décongeler).

- Saupoudrez-les de 2 cuillères de Splenda et disposez-les dans un plat allant au four le temps de la préparation 10 min environ.

- Dans un grand saladier, cassez les 4 œufs et ajoutez 5 cuillères de Splenda. Délayez la Maïzena dans un peu de lait et ajoutez le tout aux œufs édulcorés, puis versez le reste du lait écrémé. Ajoutez l'arôme vanille.

- Versez le mélange dans le plat pour couvrir la rhubarbe. Saupoudrez de la dernière cuillère de Splenda et enfournez pendant 25 min à 180 °C en surveillant la cuisson. Dégustez tiède ou froid.

# Soupe Rose Rhubarbe, Verveine-Menthe

Pour 4 personnes | Préparation : 20 min | Cuisson : 20 min

Réfrigération : 30 min

PL

---

600 g de rhubarbe
40 cl d'eau
6 cuill. à café de Stevia cristallisée
1 cuill. à soupe d'arôme vanille
6 tiges de verveine fraîche
8 feuilles de menthe

---

- Lavez les tiges de rhubarbe et coupez-les en tronçons d'environ 5 cm. Épluchez-les en partie pour enlever une partie des fils à la cuisson.

- Versez-les dans une casserole avec l'eau et ajoutez l'arôme vanille. Portez à ébullition et faites cuire à feu doux pendant environ 20 min. À la fin de la cuisson, l'eau doit être rosée. Ajoutez la Stevia cristallisée et retirez la soupe de rhubarbe du feu.

- Lavez, séchez 3 tiges de verveine. Effeuillez-les dans la soupe. Lavez et séchez les 3 autres pour la décoration. Émincez et coupez 4 feuilles de menthe et ajoutez-les également en lanières dans la soupe.

- Laissez refroidir puis placez au frais pendant 30 min. Goûtez pour vérifier si la soupe est assez édulcorée et rectifiez si nécessaire. Répartissez la soupe dans quatre assiettes creuses et décorez des tiges de verveine séchées et des feuilles de menthe restantes. Servez frais.

# Lassi
# à la Mangue

Pour 4 personnes | Préparation : 10 min

Réfrigération : 30 min minimum

PP - PL

---

4 yaourts nature veloutés à 0 % de MG
2 verres de lait écrémé
4 cuill. à café de Stevia cristallisée
1 cuill. à café d'arôme mangue

---

- Mélangez tous les ingrédients dans le bol d'un mixer et mixez pendant 2 min.
- Versez dans quatre grands verres et placez au réfrigérateur pendant 30 min minimum. Servez bien frais.
- L'arôme peut être changé à volonté pour créer des lassis avec d'autres goûts fruités, des lassis salés, des lassis à la rose…

# Milkshake au Café

Pour 4 personnes | Préparation : 10 min | Réfrigération : 1 h

PP - PL

8 petits-suisses à 0 % de MG
50 cl de lait écrémé
4 sticks de café soluble (ou 4 cuill. à café)
4 cuill. à café de Stevia cristallisée
1 cuill. à soupe d'arôme vanille
4 grains de café

- Placez les petits-suisses au congélateur pendant 1 h.
- À la sortie des petits-suisses du congélateur, versez dans le bol d'un mixer le lait écrémé, le café soluble, la Stevia et l'arôme vanille.
- Ajoutez les petits-suisses, mixez le tout pendant 2 min et servez dans quatre verres avec des pailles et un grain de café en décoration. Vous pouvez ajouter une chantilly Dukan (cf. p.152) si vous le souhaitez (à réaliser avec blancs d'œufs montés en neige, édulcorant et petits-suisses à 0 % de MG).

# Mangue et Litchis en Gelée de Rose

Pour 4 personnes | Préparation : 15 min | Cuisson : 5 min

Réfrigération : 1 h minimum

C

---

1 grosse mangue mûre mais encore ferme
20 litchis frais
6 cuill. à soupe d'eau de rose
6 cuill. à soupe de Canderel
20 cl d'eau
4 feuilles de gélatine
Feuilles de menthe

---

- Pelez la mangue, coupez-la en cubes d'environ 1 cm ½ et réservez-la au réfrigérateur dans un bol. Pelez les litchis, ôtez-en le noyau et réservez-les également au réfrigérateur dans un autre bol.

- Faites tremper les feuilles de gélatine 5 min dans une assiette d'eau froide pour la ramollir, égouttez-la et mettez-la ensuite dans une petite casserole avec 5 cl d'eau. Laissez-la fondre sur un feu très doux en remuant.

- Retirez la casserole du feu, ajoutez 15 cl d'eau et l'eau de rose en tournant légèrement. Ajoutez le Canderel.

- Mettez la casserole au frais pendant 30 min environ jusqu'à ce que la gelée commence à prendre, puis retirez-la du froid.

- Égouttez les fruits et répartissez-les dans des verrines larges en coulant un peu de gelée entre chaque couche.

- Réservez les verrines au réfrigérateur jusqu'au moment de servir, où vous les décorerez de feuilles de menthe.

# Confiture
# de Fruits Rouges
# à l'Agar-Agar

Pour 4 personnes | Préparation : 15 min | Cuisson : 10 min

C

---

500 g de fruits rouges assortis (hors cerises)
20 cl d'eau
8 cuill. à soupe de Splenda
80 cl de jus de pomme
2 cuill. à café d'arôme cerise-griotte
4 g d'agar-agar

---

- Faites cuire les fruits 5 à 6 min avec le Splenda et le verre d'eau.
- Délayez l'agar-agar dans le jus de pomme, puis versez dans les fruits en remuant. Ajoutez l'arôme.
- Portez à ébullition et faites cuire encore pendant 3 à 4 min en mélangeant doucement.
- Versez dans des pots de yaourt en verre avec couvercle ou dans des petits pots en verre, toujours préalablement ébouillantés, et fermez-les aussitôt.
- Cette confiture agrémentera vos yaourts, vos laitages et vos galettes. Elle se conserve 1 semaine au réfrigérateur.

# Miroir aux Poires

Pour 4 personnes | Préparation : 10 min | Cuisson : 20 min

Réfrigération : 4 h minimum

c

---

6 feuilles de gélatine
4 poires
25 cl d'eau
1 cuill. à café d'arôme d'eau-de-vie note cognac
1 bâton de cannelle
1 clou de girofle
2 étoiles de badiane (anis étoilé)
Le zeste d'1 orange non traitée
8 sticks de Canderel vanille

---

- Faites tremper la gélatine dans une assiette creuse remplie d'eau froide.
- Pelez les poires, coupez-les en deux et ôtez le cœur et les pépins. Placez les poires dans une casserole avec les épices et le zeste d'orange.
- Ajoutez l'eau et l'arôme et faites cuire à feu doux pendant 20 min, en couvrant la casserole.
- Sortez du feu et laissez refroidir quelques minutes. A l'aide d'une écumoire, sortez les poires et les épices du jus de cuisson. Ajoutez au jus de cuisson le Canderel vanille puis la gélatine fondue préalablement égouttée et mélangez bien.
- Dans un moule en couronne, de préférence en silicone, disposez les poires contre les parois et versez le jus de cuisson. Placez au réfrigérateur pendant 4 h minimum.

# Muffins
# Violette-Myrtilles

Pour 4 personnes | Préparation : 10 min | Cuisson : 30 min

C

4 cuill. à soupe de yaourt nature à 0 % de MG
4 œufs
4 cuill. à soupe de Splenda
2 cuill. à café d'arôme violette
8 cuill. à soupe de son d'avoine
4 cuill. à soupe de son de blé
1 cuill. à café de levure chimique
150 g de myrtilles (fraîches ou surgelées)

- ■ Préchauffez votre four à 180° C (therm. 6).
- ■ Dans un saladier, mélangez bien le yaourt, les œufs, le Splenda et l'arôme violette. Ajoutez les sons et la levure et continuez à mélanger. Ajoutez les myrtilles en remuant délicatement.
- ■ Versez la pâte dans des moules à muffins en silicone. Placez au four pendant 30 min environ à même température, en surveillant attentivement la cuisson jusqu'à ce que les muffins soient bien dorés.

# Smoothie Menthe-Fruits Rouges

Pour 4 personnes | Préparation : 10 min

c

---

4 yaourts veloutés à 0 % de MG
300 g de mélange de fruits rouges surgelés
(fraises, framboises, cassis, myrtilles…)
8 feuilles de menthe (ou 1 cuill. à café d'arôme
menthe poivrée)
4 cuill. à café de Stevia cristallisée
4 cuill. à soupe de son d'avoine
25 cl de lait écrémé
6 glaçons

---

- ■ Versez tous les ingrédients dans le bol d'un mixer.
- ■ Mixez pendant 1 min 30 minimum pour obtenir un mélange bien lisse.
- ■ Versez dans quatre grands verres et servez aussitôt.

# Pommes en Meringue Glacée

Pour 4 personnes | Préparation : 10 min | Cuisson : 10 min

Réfrigération : 5 h minimum

C

---

4 pommes
3 blancs d'œufs
1 pincée de sel
Cannelle
4 sticks de Canderel vanille
1 citron non traité

---

- Épluchez les pommes et enlevez trognon et pépins.
  Coupez-les en morceaux et versez le jus du citron
  pour éviter qu'elles ne noircissent.
  Faites-les cuire au micro-ondes environ 6 min
  en les saupoudrant de cannelle et en recouvrant
  le plat de cuisson (ou une dizaine de minutes
  à la vapeur).

- À la sortie du four (ou de la cuisson vapeur),
  elles doivent être suffisamment molles pour être
  réduites en purée. Laissez refroidir.

- Râpez le zeste du citron non traité. Montez les
  blancs en neige bien ferme avec la pincée de sel.
  Incorporez-les délicatement à la purée de pommes et au zeste de citron et ajoutez le Canderel.

- Versez dans quatre jolies coupes en formant
  un dôme de meringue glacée et placez
  au réfrigérateur pendant 5 h minimum.

**Bien*être***

9558

Création graphique : nina-ninon.com | angledroitsg.com
Crédit photos : natachanikouline.com
Achevé d'imprimer en Italie
Par Grafica Veneta
Le 7 mars 2011
Dépôt légal mars 2011. EAN 9782290032459

Éditions J'ai Lu
87, quai Panhard-et-Levassor 75013 PARIS
Diffusion France et étranger : Flammarion